中国传统文化与当代大学生思想政治教育

ZHONGGUO CHUANTONG WENHUA YU DANGDAI
DAXUESHENG SIXIANG ZHENGZHI JIAOYU

蒲冠州　郑　璇　著

四川大学出版社

特约编辑:周　艳
责任编辑:蒋姗姗
责任校对:胡晓燕
封面设计:刘宗宾
责任印制:王　炜

图书在版编目(CIP)数据

中国传统文化与当代大学生思想政治教育 / 蒲冠州,
郑璇著. —成都:四川大学出版社,2017.6
　ISBN 978-7-5690-0772-5

　Ⅰ.①中…　Ⅱ.①蒲…　②郑…　Ⅲ.①中华文化-研究
②大学生-思想政治教育-研究-中国　Ⅳ.①K203②G641

中国版本图书馆 CIP 数据核字(2017)第 141180 号

书　名	中国传统文化与当代大学生思想政治教育
著　者	蒲冠州　郑　璇
出　版	四川大学出版社
地　址	成都市一环路南一段24号(610065)
发　行	四川大学出版社
书　号	ISBN 978-7-5690-0772-5
印　刷	廊坊市广阳区九洲印刷厂
成品尺寸	170 mm×240 mm
印　张	12
字　数	208 千字
版　次	2017 年 12 月第 1 版
印　次	2021 年 4 月第 2 次印刷
定　价	54.00 元

◆读者邮购本书,请与本社发行科联系。
　电话:(028)85408408/(028)85401670/
　(028)85408023　邮政编码:610065
◆本社图书如有印装质量问题,请
　寄回出版社调换。
◆网址:http://www.scupress.net

作 者
简 介

蒲冠州,男,1982年1月生,2003年毕业于西南石油学院计算机科学与技术专业,获工学学士学位。2007年破格晋升为讲师。2010年6月毕业于西南交通大学思想政治教育专业,获法学硕士学位。长期从事大学生思想政治教育工作,主讲"大学生职业生涯规划""大学生就业指导"和"形势与政策"等课程。先后在《思想理论教育导刊》《中国电力教育》《思想理论教育研究》等刊物上发表论文10余篇。主持四川省教育厅人文社会科学重点基地项目2项,主研四川省教育厅重点研究课题1项。2010年取得人力资源和社会保障部颁发的"高级职业指导师"(国家职业资格一级)证书。

郑璇,女,1986年7月生,2010年毕业于西华师范大学课程与教学论专业,获教育学硕士学位。主要从事大学生思想政治教育及心理健康教育方面的研究,在《高校辅导员》《石油教育》《语文教育》等刊物上发表论文10余篇。主持全国共青团中央学校部立项课题1项,四川省教育厅人文社会科学重点基地项目1项。

P 前 言
PREFACE

　　中国传统文化是经过了上千年的积累和沉淀而传承下来的民族思想精神，是中华民族五千多年文明智慧的结晶，为中华民族生生不息、发展壮大提供了丰厚滋养。当代大学生作为国家未来建设的栋梁，肩负着传承、弘扬和创新中国优秀传统文化的崇高使命。大学生自身的思想境界和文化修养关系着国家发展、民族振兴和社会进步。习近平总书记在关于坚定文化自信和传承发展中华优秀传统文化的重要论述中多次强调中国传统文化的历史影响和重要意义，赋予其新的时代内涵。习近平总书记在高校思想政治教育工作会议上明确提出，思想政治工作从根本上说是做人的工作，必须围绕学生、关照学生、服务学生，不断提高学生思想水平、政治觉悟、道德品质、文化素养，让学生成为德才兼备、全面发展的人才。

　　大学生是正在接受高等教育的特殊群体，是推动社会进步的栋梁之材和我国社会主义建设未来的主力军。随着国家经济发展与社会进步，未来人才竞争已不仅仅是看学历、测技能，毕业生的道德品质好坏、人文素质高低已逐渐成为用人单位人才考核的重要内容。中国传统文化蕴含着丰富的价值理念和道德规范。深入学习和践行中国优秀传统文化，强化传统文化的熏陶和传承，引导大学生构建文化批判性思维，有助于大学生形成健康人格和良好心态，树立正确的人生观、世界观和价值观。因此，把中国优秀传统文化融入大学生思想政治教育，对于提升大学生文化自觉和文化自信，增强高校思想政治教育工作的实效性具有重大意义。

　　本书以挖掘中国传统文化中的思想政治教育资源为重点，以儒、道、墨、法四大学派为切入点，在对其主要思想内涵进行分析的基础上，论述了传统文化对当代大学生思想政治教育的启示和价值。全书共八章，包括中国传统文化、当代大学生思想政治教育、中国传统文化与当代大学生思想政治教育的融合、儒家文化与当代大学生思想政治教育的融合、道家文化与当代大学生思想政治教育的融合、墨家文化与当代大学生思想政治教育的融合、法家文化与当代大学生思想政治教育的融合、结论。第一、二、三、四、八章由蒲冠州著,第五、六、七章由郑璇著。

由于作者学识有限,加之时间仓促,书中难免存在不足之处,敬请读者批评指正。在写作过程中,还参阅了多篇研究文献,谨致谢忱!

著者

2017 年 3 月

C目 录
CONTENTS

第1章

中国传统文化

1.1　中国传统文化的内涵

▲

▶ 1.1.1　文化的内涵

1.1.1.1　文化的词义溯源

人类社会有个奇异的现象,最简单的东西往往是最复杂的东西,最复杂的东西却也是最简单的东西。"文化"一词亦如此,我们身边处处都存在着文化,但谁也说不清楚什么是文化。迄今为止,学者们冥思苦想,提出了两百多个关于文化的定义,但仍然莫衷一是。"文化"一词,中国古已有之。早在战国末年成书的《周易·贲卦·彖》中就说过:"观乎人文,以化成天下。"其含义是以文治教化民众,从词性上看这是一个动态的概念。到了汉代,"文化"成为一个专用名词,刘向《说苑》云:"凡武之兴,谓不服也;文化不改,然后加诛。"汉代以后,"文化"成为常用词,南齐王融《三月三日曲水诗序》有言:"设神理以景俗,敷文化以柔远。"

"文"最初的意思是纹理、花纹。东汉许慎《说文解字》称:"文,错画也,象交文,凡文之属皆从文。"可见,"文"的含义非常丰富,不单指文字和文章,还可指草木纹理、星座龟壳等无数有"纹"的物事,如《周易·系辞·下》有言:"物相杂,故曰文;文不当,故吉凶生焉。"又如《礼记·乐记》有"五色成文"一说。龚鹏程这样解说"文":文,代表着人由原始状态逐渐修饰以增进其神圣性及优越价值的一切活动,包括纹身或冕冠衣裳。

与"文"一样,"化"也是一个古老的字。"化"的古字为"匕"。许慎《说文解字》称:"化,教行也。从匕从人。"《说文解字》又称:"匕,变也。"《周易·系辞·下》有言:"天地氤氲,万物化醇;男女构精,万物化生。"《周易·贲卦·彖》有文:"贲,亨。柔来而文刚,故亨;分,刚上而文柔,故小利有攸往。刚柔交错,天文也;文明以止,人文也。观乎天文,以察时变;观乎人文,以化成天下。"今学者分析:"化作为变化是为宇宙之道,变化进而演绎为教化,如《周礼·大宗伯》:'以礼乐合天地之化。'"

1.1.1.2 中西方文化的概念

关于"文化"一词的定义,往往是"仁者见仁,智者见智"。不同国家对其有着不同的解释。

在西方,"文化"一词主要源于拉丁文的"Cultural",它的主要意思是耕作、培养、教育、发展出来的事物,是与自然存在的事物相对而言的。近代意义上的文化概念首先是由英国文化人类学家爱德华·泰勒提出的,他在 1871 年出版的《原始文化》一书中,将文化的含义系统地表达为:文化是一个复杂体,要包括知识、信仰、艺术、道德、法律、风俗,以及其余从社会上学得的能力与习惯。后来美国一些社会学家、文化人类学家,如奥格本、亨根斯·维莱等人,对泰勒的定义进行修正,补充进去了以"实物"形式出现的文化现象,把泰勒的定义修正为:文化是一个复杂体,包括实物、知识、信仰、艺术、道德、法律、风俗及其余从社会上学得的能力与习惯。

中国当代学者大多采纳《辞海》对文化的定义:"从广义来说,指人类社会历史实践过程中所创造的物质财富和精神财富的总和。从狭义来说,指社会的意识形态,以及与之相适应的制度和组织机构。"此外,学者们还普遍认为:文化是个比较模糊的概念,其核心是作为精神产品的各种知识,其本质是传播,它是主体与客体在人类社会实践中的对立统一物。

▶ 1.1.2 中国传统文化的内涵

传统是指世代相传且具有根本性的事物、行为、制度、信念的总和。"传"本义是"驿"。古代国家政令等重要信息的传递主要依靠驿站,依靠在驿站不停地更换车马才能达到。后引申为传授、延续、继承、相传等。韩愈《师说》有言:"师者,所以传道授业解惑也。""统"本义是蚕茧的头绪,段玉裁《说文解字注》有言:"众丝皆得其首,是为统。"后引申为纲要、根本、世代相承和彼此联系的事物。传统作为单一概念是汉代以后出现的,它正是取了"传"的相传、继续和"统"的根本之意。

传统文化是指在长期的历史发展过程中形成和发展起来的,保留在每个民族中具有稳定形态的文化。它是一个民族的历史遗产在现实生活中的展现,有着特定的内涵和占主导地位的基本精神。它负载着一个民族的价值取向,影响着一个民族的行为方式和生活方式,聚拢着一个民族自我认同的凝聚力。

中国传统文化是指在长期的历史发展过程中形成和发展起来的,保留在中华民族中间具有稳定形态的中国文化,包括思想观念、思维方式、价值取向、道德情操、礼仪制度、风俗习惯、行为方式、生活方式、宗教信仰、文学艺术、教育科技、文物典籍,等等。

▶ 1.1.3　传统文化和文化传统

一个民族的传统无疑与其文化密不可分。离开了文化,无从寻觅和琢磨传统;没有了传统,也不称其为民族的文化。于是在许多著作中、文章中、报告中乃至政策性的文件中,常常看到"文化传统""传统文化"的字样。问题是,这些概念往往交叉使用,内容含糊。其实,文化传统与传统文化并不一样,如果进而追究内容,则差别甚大。

1.1.3.1　传统文化

传统文化的全称大概是传统的文化,落脚在文化,对应于当代文化和外来文化而说,其具体内容为历代存在过的种种物质的、制度的和精神的文化实体和文化意识。例如,民族服饰、生活习俗、古典诗文、忠孝观念之类,也就是通常所谓的文化遗产。传统文化产生于过去,带有过去时代的烙印;传统文化创成于本民族祖先,带有自己民族的色彩。文化的时代性和民族性,在传统文化身上表现得最为鲜明。

传统文化是顺应特定的社会历史环境应运而生的,因而在历史上都起过积极作用。及至事过境迁,它们或者与时俱进,演化出新的内容与形式;或者抱守残缺,固化为明日的黄花和垢土。也有的播迁他邦,重振雄风,礼失而求诸野;也有的生不逢时,昙花一现,未老而先衰。但是,不论它们内容的深浅,作用的大小,时间的长短,空间的广狭,只要它们存在过,便都是传统文化。

凡是存在过的,都曾经是合理的,分别在于理之正逆。凡是存在过的,都有其影响,问题在于影响的大小。因此,对后人来说,就有一个对传统文化进行分析批判的任务,以明辨其时代风貌,以确认其历史地位,以受拒其余风遗响。在我国,所谓的发掘抢救、整理清理、批判继承、古为今用等一套办法和方针,都是针对传统文化而言的;所有的"吃人的礼教""东方的智慧"等一大摞贬褒不一的议论,也多是围绕着传统文化而发的。

1.1.3.2 文化传统

文化传统的全称是文化的传统(cultural tradition),落脚在传统。文化传统与传统文化不同,它不具有形的实体,不可抚摸,仿佛无所在,但它却无所不在,既在一切传统文化之中,也在一切现实文化之中。可以说,文化传统是形而上的"道",传统文化是形而下的"器",道在器中,器不离道。

一个民族有一个民族的共同生活、共同语言,其成员从而也就有他们共同的意识和无意识,或者叫共同心理状态。民族的每个成员,正是在这种共同生活中诞生、成长,通过语言来认识世界、体验生活、形成意识、表达愿望的。在长期的生产生活中,全体成员所熟悉、所崇尚的心理被孕育出来,并且在后续生活中时刻得到鼓励和提倡,包括社会的推崇和个人的向往,最终成为民族巨大的精神财富和物质力量。这样,日积月累,暑往寒来,文化传统于是乎形成。

所以,一般说来,文化传统是一种惰性力量。它限定着人们的思维方法、支配着人们的行为习俗、控制着人们的情感抒发、左右着人们的审美趣味、规定着人们的价值取向、悬置着人们的终极关怀。个人的意志自由,在这里没有多少绝对意义,正像肉体超不出皮肤一样,个人意志超不出文化传统。但也正因如此,文化传统便成了一种无声的指令,凝聚的力量,集团的象征。没有文化传统,我们很难想象一个民族能够如何不消亡,一个社会能够如何不涣散,一个国家能够如何不崩解。当然这并非说文化传统是不变的,因为时间在前进,生活在交替,经验在累积,知识在更新,交往在发生。传统中某些成分会变得无所可用而逐渐淡化以至衰亡,生活中某些新的因素会慢慢积淀,并经过筛选整合而成为传统的新成分,不同民族的不同文化也因为有接触,而有了交流,只要有交流,便会发生变化。但是必须注意,文化传统的变化总是缓慢的、渐进的,不会发生一蹴而就的奇迹,即使在社会急剧变幻的革命时期也是如此。

不同的民族拥有不同的文化传统,其不同程度视生活的差异程度和发展阶段而定。不同文化传统之间可以进行比较,但很难作出绝对的价值判断。因为每个传统对于自己民族来说,都是自如的,因而也是合适的。不同民族之间,并无一个绝对标准,即所谓的人类标准。形形色色的民族主义者将自己的传统吹嘘为人类的,强迫或诱使别人接受,是没有根据的,也难以奏效,除去证明他自己的无知或狂妄。此外,民族内部某些成员鼓动大家效法外族传统,民族领袖规定人民遵循外族传统,都只能停留在宣传上或法令上,而难以深入人心,除非生活已经变化得有了接受的土壤。

1.2　中国传统文化的发展

▶ 1.2.1　中国传统文化的形成因素

任何文化的产生都有一定的背景,传统文化的差异性是由民族所处的地理环境、所从事的物质生产方式、所建立的社会组织形态多样性造成的。

1.2.1.1　形成中国传统文化的地理环境

地理环境能给人类文化的创造提供物质材料,这在一定程度上影响着文化的发展趋向和类型。地理环境影响着人类早期文化的形成,不同的自然条件会影响文化的产生和发展,形成不同类型的文化,直接造成一个民族在宗教、道德、法律、哲学、文化艺术等发面的差异。

中国地处亚洲东部,独特的地理环境造成了中华民族与外部世界的相对隔绝,对中国传统文化的形成和发展产生了十分重要的影响。

一是,半封闭的地理环境促使中国传统文化的形成和延续。人类文明的发源地是北半球的温带地区,中国传统的农业社会也是从这里开始的。中国很早就产生了农业文明,并形成了一整套相对完善的人文哲学思想。由于相对封闭,再加上这块土地的富饶,使生活在这块土地上的中国人很少为了生存而走上海外殖民抢夺的道路,因此形成了中华民族相对温和的性格。正如梁启超所说:"以地理不便,故无交通,无交通故无竞争,无竞争故无进步。亚洲所以弱于欧洲,其大原在是。"梁启超的看法尽管有失之偏颇的地方,但也说明了地理环境对中国传统文化的影响。在人类文明发展史上，多次出现过一些文明因异族侵入而中断的情况。但纵观中国的文明历史，由于半封闭的地理环境，中国文化几乎没有中断过。相反，周边的少数民族在入主中原后，其文明常常与中原的文明融合。这也是中国文化历经数千年、持续至今的原因之一。

二是，半封闭的地理环境促使中国文化具备了自发性和独立性。半封闭的状态使中国文化不会因为异族的入侵而中断，从而使整个民族在坚持、保留自己的文化方面要坚决得多；也正是因为活动范围有限以及在吸收其他民族的文化方面的局限，铸造了中国人独具风格的世界观念和文化心理，形成了中国特有的哲学、文学艺术和科学技术。正是由于这样的地理环境，中国人更加注重自己的传统文化。

三是，半封闭的地理环境和内陆性的特点促使华夏中心主义的思想文化观念形成。半封闭的地理环境客观上影响了中国人对外部世界的了解，从而在很长一段时间内中国人认为中国就是世界的中心，并形成了浓厚的华夏中心主义思想文化观念。"中国"一词，正是国人长期以来形成的富于尊严感的自我意识之表现。此外，中国在很长的历史时期里政治、经济、文化都比周围地区的先进，这在一定程度上助长了华夏中心主义思想文化观念的发展，使中国人误认为天下只有华夏民族及其周围的部落，把"天下"作为中国的代名词。

1.2.1.2　形成中国传统文化的经济基础

文化总是与经济紧密联系在一起的。中国文化源远流长的历史原因也正是中国几千年来始终是以农业为主的自给自足的自然经济社会。

从人类文明的历史看，古代的农业是决定性的生产部门，早期农业水平越高，文明程度越高。中国早在七千多年前的新石器时代，就已经出现了农业文明的痕迹，其中最具代表性的是发源于黄河流域的仰韶文化、华东沿海的河姆渡文化、江汉流域的新石器文化，等等，从而形成了独具特色的"小米文化"和"水稻文化"。正是由于黄河流域较高水平的农业，使得黄河流域成为中国上古时代的政治、经济和人文中心。随着农业生产力的发展，这一文明逐渐向长江流域扩展。

在中国传统社会中，自给自足的自然经济始终占据统治地位。中国传统社会经济是农业与家庭手工业相结合的小农经济，其生产目的主要是自给自足，但也有很少量的交换。实际上早在春秋战国时期，在农业、家庭手工业、官府手工业发展的同时,也出现了"独立自由"的手工业者与商人。秦代统一后,由于度量衡、货币、文字等的统一,更进一步促进了商品经济的发展,出现了比较繁华的都市。唐宋两代的商业城市更加繁华,在北宋时期首次出现了工商业的行会组织。明清两代,随着商品生产和交换的发展,加速了手工业和农业的分离,出现了相当规模的手工业作坊和工场。在江南的有些城市,出现了资本主义的早期萌芽。然而,在漫长的中国传统社会中,商品经济始终没有能够占据统治地位,一直作为自然经济的附属存在。其主要原因是历代王朝的统治者都采取重农抑商的政策。

中国文化是从农业经济的土壤中生长并发展起来的,以农业经济为主干的中国封建社会对中国文化的形成和发展产生了重大影响。

一是,农业经济培养了中国人因循守旧、乐天知命的性格和吃苦耐劳、勤俭持家的美德。农业经济最显著的特点是对自然条件有很强的依赖性。中国很早就形成了"天人合一""天人协调"的哲学观念,这是中国人依赖自然、被动地适应自然的一种表现。从事农业生产,既要靠人的努力,也要靠天的配合,风调雨顺则五谷丰登,发生灾害则生活无着。对自然条件的依赖养成了中国人乐天知命的特性。在以农业为主的生活中,在农业劳动力与土地相结合的生产方式下,农民生活在一种区域性的小社会,与外部世界几乎处于隔绝状态。这样的生产生活方式,既培养了中国人吃苦耐劳、勤俭持家的美德,又养成了他们因循守旧、不图进取、安于现状、乐天知命的心理和性格。

二是,农业经济培养了中国人的务实精神。农民在劳动过程中领悟到一个朴实的道理:说空话无济于事,踏实做事必有所获。正如章太炎所说:"国民常性,所察在政事日用,所务工商耕稼,志尽于有生,语绝于无验。"因此农民更关心现实生活,正是这种务实精神促使中国人创造了世界上辉煌、灿烂的封建文化;也正是因为过于注重实用知识,又使中国人缺少了对科学理论的探究热情。

三是,农业经济促使中华民族成为一个爱好和平的民族。农民固守在土地上,这既是农民自身的要求,也是统治阶级统治农民的需要。农民对人际关系的要求是相安无事,互帮互助,人际和谐,各人平安。在与周边民族的关系上,他们所希望的是与外族和平共处。古代中国一直拥有强大的军队,然而纵使这些军队强大得足以征服世界,中国的封建统治者主要还是用这些军队进行防御,长城就是这一政策的生动体现。如从中国历史上看,以汉族为主的中原农业民族对于草原地区游牧民族的侵扰基本上都采用了防御政策。为求得与草原地区游牧民族的和平共处，还采用过和亲、会盟等"怀柔"政策。显然，这与西方民族主张战争、征服世界有着很大的不同。

四是，农业经济造成了中国人政治观念的独特性。一方面，中国封建专制主义的确立与农业经济有很大的关系。中国封建社会的村落和城镇既雷同又分散，并且缺少商品交换。彼此联系的松散，使农民对高高在上的集权体制产生敬畏。中国封建社会的集权政体和统治思想就是在这样一个背景下产生的，这也成为中国封建主义延续两千多年而没有中断的原因之一。另一方面，农业经济造就了中国社会的"重农耕"思想和"重民"思想。中国两千多年的封建社会始终以农业立国，农业始终被放在社会政治、经济生活的首位，农业的兴旺与衰落一直是衡量中国历代王朝的重要标志。正是由于把农业放在社会生活的首位，才使"民为国本""民贵君轻"等民本思想成为中国农业社会的传统思想政治观念。这种民本思想作为中国文化系统的重要组成部分，至今仍深刻影响着社会生活的许多方面。

1.2.1.3 形成中国传统文化的社会结构

文化是一种人类想象，而人类只有组成一定的社会结构，方能创造并发展文化。任何文化都有其特定的生长土壤，都与一定的社会结构相联系。

在中国传统社会中，自然形成的源于氏族社会的父系家长制公社成员之间的血缘联系不断地被强化延伸，以至于上升演变为一种制度——血缘宗法制度。它孕育于商代，定型于西周。社会的最高统治者"天子"，喻义是天帝的长子，其奉天承运，治理天下臣民。从政治关系而论，天子是天下共主；从宗法关系而论，天子是天下大宗。"天子"由嫡长子继承，世代保持大宗地位。嫡系非长子和庶子则被封为诸侯，他们相对天子为小宗，但在各自封侯的地区又为大宗，其位由嫡长子继承，其余的儿子封为卿大夫。卿大夫以下，大、小宗关系依据上例。长子继承制、分封制、严格的宗庙祭祀制度是血缘宗法制度的基本内容。

作为一种庞大、复杂却又井然有序的血缘政治社会构造体系，血缘宗法制度是在古代社会宗族普遍存在的基础上形成的。这种权力机构的特殊性在于上与国家权力相结合，下与每个宗族成员相联系。其实质在于族长对整个宗族或成员实行家长式的统治。这种以血缘关系的远近亲疏来区别高低贵贱的制度，深刻影响着中国文化的形成。

一是,在血缘宗法制度下,中国文化表现有强烈的亲族性的特点。血缘宗法制度自产生,在中国已绵延数千年,成为中国传统社会的一大基本特征。秦始皇统一中国后建立了统一的封建中央集权的多民族国家,废分封制实行中央集权制,形成了空前一统的社会政治结构。这种社会政治结构尽管对血缘宗法制度产生了重大冲击,但血缘宗法制度的某些基本制度,如皇位的嫡长子世袭制、父权家长制,以及政权、族权、父权等的紧密联系和相互渗透等,仍继续影响着中国社会,中国传统社会的结构仍然是以血缘形成的家庭为单位。就统治者方面来说,只有妥善地处理好家族成员之间的关系,才能使权力和财产的继承有章可循;就被统治者来说,一家一户为单位的小农生产是在家长的带领下进行的,也只有使家庭成员和睦相处,尊长爱幼,才能保持生产活动和日常生活的正常进行。因此,历朝历代上至皇族宗室,下至平民百姓都是以这种血缘宗法关系作为巩固统治者或维系家族稳定的关系,"亲族圈"是中国人交往的重要网络。

二是,在血缘宗法制度的约束下,中国文化表现为崇拜祖先、注重族系延续的特点。中国文化中有天、地、君、亲、师五尊,其中以"亲"最为现实,其他四尊都可以从尊"亲"一条得到解释。在中国文化中,先祖、双亲最为尊敬。祭祖、"孝亲"文化在中国文化中占有十分重要的地位。家族供奉的是天、地、君、亲、师五尊,而不是上帝或佛祖。不但如此,血缘宗法制度还促使中国各个宗派的师徒关系,犹如世俗的父子关系,代代相传,形成世袭的传法系统。

在政治权利和经济产权的继承上,血缘宗法制度普遍遵循父系单系世袭原则,完全排斥女性成员的继承地位,因此,中国人注重家族的延续,常以家族兴旺,子孙众多为荣耀,以无后、断子绝孙为大不孝。

三是,在血缘宗法制度背景下,族权与政权结合,形成"家国同构""君父一体"。族权在宣扬纲常名教、执行礼法、维护宗法专制秩序方面,与国家政权的目标一致;国家政权也以家族精神统驭臣民。因此,在血缘宗法制度下,个人被纳入宗法集体中,个体的人必须服从宗法团体;个人的自由,不论经济活动的自由还是生活方式的自由,都要严格地受宗法集体限制。这样便使得中国传统文化带有群体意识的特征。血缘宗法制度促进了人与人之间的联系,维护了尊老爱幼、夫妻相敬、兄弟相亲的家庭美德,从而对中国社会稳定起到了积极的作用;但其也在一定程度上压制了个性和创新精神。

四是,血缘宗法制度使中国人形成了很重传统的观念。宗法观念强调敬祖宗、孝父母,其中自然包括对祖宗、父母所创造的事业、所立家训的尊重。做不到则被看作是不肖子孙,能做到则被誉为孝子贤孙。久而久之,传统成了真理的化身。这种对传统的极为敬重,从积极的角度看,有利于中华民族历史和文化的延续;从消极的角度看,造成了中国人相对保守,厚古薄今的思想,不利于人的进取和创新精神的发扬。

血缘宗法制度存在于政治、经济、文化等领域,成为中国传统社会的一个基本特征,对中国文化的形成和发展产生了复杂而深远的影响。

▶ 1.2.2 中国传统文化的发展阶段

中国传统文化的发展大体经历了以下几个时期。

1.2.2.1 上古文化时期

猿人最初使用的工具是天然和简单加工的石块,考古学上将这一时期称为旧石器时代。其中火的使用是旧石器时代先民的一项具有划时代意义的文化创造。七千多年前,中国先民进入了新石器时代,磨制的较为精致的石器取代了打制的粗糙的石器,以"泥条盘筑"为主要制作方法的陶器也广泛出现。在物质文化有长足进展的同时,中国先民的观念文化亦日益丰富、深化。原始宗教与原始艺术便是其主要的存在形态。

1.2.2.2 殷商西周文化时期

在长期定都的条件下,商朝的文明水平有了显著提高。兼具"象形""会意""形声"等制字规则的甲骨文的出现,标志着中国文字进入了成熟阶段。商朝脱离原始社会未久,人们尊神重巫,体现出强烈的神本文化特色。

西周确立了兼备政治权力统治和血亲道德制约双重功能的血缘宗法制度,其影响深入中国社会机体。其强调伦常秩序、注重血缘身份的基本原则与基本精神一直延续至今。

1.2.2.3 春秋战国文化时期

春秋战国是中国文化的"轴心时代",为各个思想集团进行"百家争鸣"提供了舞台。所谓"百家",只是诸子蜂起、学派林立的文化现象的一种概说。如由孔子开创的儒家学派,以"仁"为核心;以老、庄为代表的道家学派,倡导"无为";以管仲为代表的法家学派,力主强化法令刑律;由墨翟创立的墨家学派,主张"兼爱""非攻"。

正是经由各具特色的诸子百家的追索和创造,中国文化精神的各面才得到了充分的展开和升华,中国文化的走向才大致得到确定。

1.2.2.4 秦汉文化时期

秦汉的盛大根植于新兴地主阶级的生气勃勃。由统治阶级精神状况所决定的社会文化基调也表现为一种开拓与创新。

开拓进取、宏阔包容的时代精神,激发了工艺、学术的创作;大大促进了中外文化的相互交融。秦汉时期,中国文化与外部文化展开了广泛交流,其中最著名的是汉武帝时的张骞通西域。通过丝绸之路,中国产品远抵西亚和欧洲,其他文明成果也源源不断地涌进中国,中国文化因此增添了灿烂的光彩。

1.2.2.5 魏晋南北朝文化时期

玄学是魏晋时期崛起的一股新的文化思潮。随后,道教形成。在道教勃兴的同时,佛教大军也进入了魏晋南北朝文化系统,由此形成二学(儒学、玄学)、二教(道教、佛教)相互颉颃、相互融合的多元激荡格局。

魏晋南北朝时期,儒、玄、佛、道的相互冲突、相互整合,造成了意识形态结构的激烈动荡。在文化的多重碰撞与融合中,中国文化得到多向度的发展,强健而清新的文化精神大放异彩。

1.2.2.6 隋唐文化时期

隋唐文化的气象恢宏与地主阶级结构的深刻变化休戚相关。隋唐政权推行包括均田制、科举制在内的一系列压制门阀世族的改革措施。

隋唐时期,在巨大社会结构变动中登上中国文化舞台的庶族寒士作为正在上升的地主阶级的精英分子,对自己的前途充满自信和热情。隋唐文化因此具有一种明朗、高亢、奔放、热烈的时代特征。

中国文化发展至唐,显示出了一种阶段性的集大成的灿烂风采,其辉煌令后世追慕不已。

1.2.2.7 两宋文化时期

宋代文化最重要的标志乃是理学的建构。两宋理学不仅将纲常伦理确立为万事万物之所当然和所以然,亦即"天理",而且高度强调人们对"天理"的自觉意识。宋词、宋画、宋文以及宋代理学构筑起了一个精致辽阔的上层文化世界,而在这一世界之外,市民文化也在崛起。

市民们无意于追求典雅的意境,浓郁迷离的诗情,而是醉心于能直接地满足感官享受的情调热烈的艺术样式。因此,市民文化从其诞生起,便显示出一种野俗的活力与广阔的普及性。

1.2.2.8 辽夏金元文化时期

契丹、党项、羌、女真等少数民族对宋朝的轮番撞击,产生了双重文化效应。一方面,忧患文化渗透于宋文化的各个层面。另一方面,游牧民族从宋文化中吸收到了丰富营养。

元代时期,汉族文化被游牧民族踏得支离破碎。元杂剧不仅愤激地谴责黑暗,而且充满希望地讴歌美好追求。而元代中国对世界的开放,使大批波斯人、阿拉伯人迁居内地。异邦的先进科技流入中国科技界。同时,中国文化向西传播的速度也大大加快。中国四大发明之一火药也在此时传入欧洲。

1.2.2.9 明清文化时期

明代与1840年前的清代,是中国漫长的封建社会的晚期。明清时期是整个世界格局发生剧变的重大时期。欧亚大陆的远西端,新兴的资本主义带来了工业革命。中西方的冲突已成为不可避免之势。1840年爆发的鸦片战争,以血与火的形式把中国文化推入了一个蜕变与新生并存的新的历史阶段。

1.2.2.10 鸦片战争以后文化时期

鸦片战争以后,西方一些思想逐渐传入中国,志士仁人求新求变,不断寻找救国救民之道,点燃了民族振兴的希望之火。

1.3　中国传统文化的基本特征和基本精神

▶ ## 1.3.1　中国传统文化的基本特征

任何文化都有其特定的生长土壤,都是与一定的社会政治结构和经济结构相联系的。中国传统文化丰富多样,居中心地位的是以儒家伦理道德为核心的,一种以扬善抑恶、以真善美相统一、以文化教化为目的的伦理政治型文化。"如果把西方文化视为'智性文化',那么中国文化则可以称为'德性文化'"。中国传统文化是一种德智统一、以德摄政的文化,带有一种民族的、独特的、重伦理价值取向的特色。中国传统伦理政治思想,不仅决定了中国古人的文化人格,而且决定了中国传统文化的民族特征。除了伦理政治型这一总的特征之外,中国传统文化还具有以下特征。

1.3.1.1　较强的融合性和凝聚性

中国传统文化是多元化的。传统中国社会,儒、道、佛等多种派系并存,这就使得中国传统文化有了汇集百川优势、兼容八方智慧的显著特点。中国地域辽阔,民族众多,各民族在生活方式和文化理念上存在一定的差异。自秦建立了统一的中央集权的封建政权以来,各民族之间融合的步伐大大加快,出现了几次大规模的民族融合。中国文化历经艰辛,在数千年的发展中经历了多民族、多地域文化的融合发展。以汉民族文化为主体、以中原文化为核心的中国传统文化逐渐融合其他少数民族文化和周围地域文化,形成了同一性与多样性相结合的发展态势。

中国的传统文化对外来文化有着较强的包容性和强大的同化力。比如,西方的佛教、基督教、伊斯兰教,各国的天文、地理、建筑、艺术、舞蹈、绘画、自然科学等,都被中国接纳,融入中国传统文化之中,并逐渐中国化。中国传统文化在经过融合、包容其他文化后形成的新文化,并不是分散的、凌乱的,而是凝聚成了中华民族特有的精神文化,形成了一股强大的民族凝聚力。尤其表现在"爱国主义""自强不息""天下为公"等精神上。正是由于中国传统文化以其海纳百川的胸怀与气魄,接受来此世界各地的先进文明,形成了中国特色的文化,以及强大的民族凝聚力,才会生生不息,延续至今。

1.3.1.2 精华和糟粕共处

中国的传统文化不是十全十美的,有两面性。中国传统文化使中华民族延续几千年而不衰,我们应该充分肯定其中的精华部分,但同时,也要看到它的历史局限性,明确其中的糟粕。封建性和等级性正是传统文化的缺陷和不足之处。中国传统文化的核心是儒学。儒学因与皇权结合而政治化,成为为封建统治服务的工具。它的主要表现是封建专制主义思想和封建宗法等级制度,以君权、父权、夫权为核心的等级制度和人身依附关系,官本位思想和重男轻女观念。这些都严重影响和禁锢了中国人的头脑。所以,对于传统文化,我们应该客观认真分析,本着实事求是的原则,结合当今社会发展的需要,不夸大、不掩盖,真正做到"取其精华,弃其糟粕",这对继承和发扬传统文化具有至关重要的作用。

1.3.1.3 民族性与世界性并存

每个国家和民族都有自己的传统文化,这种文化体现了国家和民族的历史发展、民族内质和思想精髓,具有区别于其他国家和民族的特点。中国的传统文化渗透着古老东方民族的智慧与特色,具有鲜明的中华民族性。越是民族性的东西越具有世界性,越具有全球性。确实如此,各国的传统文化不是一成不变的,是随着各个国家、民族的相互交往,相互学习、相互吸收而不断充实发展自己。随着漫长的历史交往,各个国家、民族的文化逐步成为多元统一体的全球文化。但各国家、民族要"和而不同"。如果失去了民族性,就无法谈世界性和全球性。因为世界本身就是一个多元化的统一体,离开多元化,统一体也就没有存在的价值了。我国的传统文化以博大的胸怀、开阔的视野,融合了我国各民族文化、外来文化的优点和长处,逐步丰富完善了自我。随着世界文化的交融,中国文化必然很自然地走向全球化。如今中国很多非物质遗产已经在世界上广泛传播,并得到世界人民的认可。

1.3.1.4 顽强的生命力和发展创新性

在世界四大文明古国中,中华文明是唯一延续时间最长、未曾中断的文化系统。中华民族自夏代进入文明社会,传统文化代代相传,经久不衰,这展现了它所具有的顽强生命力和应变能力,这正是中国传统文化的一个重要特征。

中国传统文化不仅在漫长而曲折的过程中顽强地传承下来,而且经历了后人继承前人又发展前人,虚心学习前人又丰富前人,依据时代需求又超越前人这样一个周而复始、连续不断的接力过程,在历史的长河中不断得到充实、丰富、发展和创新。而这些都需要人坚持不懈地刻苦努力和付出巨大心血,来之不易。

▶ 1.3.2 中国传统文化的基本精神

文化精神就是推动和指导人们实践的思想,也指世界观和人生观。在中国传统文化中,有一些思想观念和固有传统长期受到人们的尊崇,成为生活行动的最高指导原则,在历史上起了推动社会发展的作用,成为历史发展的内在思想源泉,这就是中国传统文化的基本精神。

1.3.2.1 天人合一的和谐精神

在中国传统文化中,"究天人之际"是一个很大的题目。中国的经学、史学、哲学和文学,以及有过辉煌成就的天文历算,都把这个题目当作自己的研究课题。围绕这一题目所形成的关于"天人"关系的丰富命题和理论观点,主张人与自然的统一,人的行为与自然的协调,道德理性与自然理性的一致,充分显示了中国古代思想家对于主客体之间、主观能动性与客观规律性之间和谐统一关系的辩证思考,反映了中国人文精神的深度和广度。挖掘"天人合一"理念蕴含的人与自然和谐相处的思想智慧和精神营养,对于社会主义和谐社会的构建意义深远。

1.3.2.2 民惟邦本的民本精神

民本思想是中国古代政治文化的核心内容,也是中国传统文化中源远流长的珍贵历史遗产。早在西周时期就产生了朴素的民本意识,随后它的内涵随着历史的发展不断丰富并有所衍变。近代以来,民本思想从封建统治阶级治国安邦的官方意识形态转变为民主革命的重要思想武器,特别是中国共产党批判地继承了这一历史遗产,赋予了民本思想以全新的理论内容。梳理中国古代民本思想的文化内涵及其发展演变的历史脉络,对于建设中国特色社会主义的民主政治文化无疑具有重要的借鉴意义。

1.3.2.3 家国同构的伦理精神

中国伦理思想历史悠久,内容丰富,独具特色,在人类文化史上占有重要的地位。发端于殷周时期的古代伦理思想,历经三千多年,在理论上几乎涉及伦理学的各个方面,包括一系列特有的概念、范畴和理论体系,促进了形式不一、性质不同的各种学派的形成。其中,以儒家伦理思想为主干的封建地主阶级的伦理思想,影响最深远、发展最充分、体系最完备,它奠定了中国传统社会家国同构的伦理秩序的基础。虽然中国的传统伦理是专制制度下的产物,容易导致个体地位的缺失,但是以整体(或者集体)为本位的中国传统伦理思想在化解当代"利益导向"的现代伦理带来的弊端、构建当前新型伦理观等方面仍有着积极意义。

1.3.2.4 经世致用的科学精神

务实求真作为中国人的学术价值观,集中代表了中国文化"黜玄想"而务实际的文化精神,对中国文化的发展影响极大。正所谓"务虚明理,务实求真",明理后求真务实格外重要。求真务实的道德信条及实事求是的实学精神成为中国传统文化所尊崇的认识原则和道德行为准则。在中国传统文化的影响下,中国的知识分子将此贯彻在科学研究方面,在生产、生活方面进行了大量的努力,这使得我国的实用技术发展迅速。在今天,我们理应继承和发扬传统文化中的实学思想,以学术求实促进全社会的求真务实。

1.3.2.5 关怀现世的宗教精神

在中国传统文化精神中,信仰无疑是独特而奇妙的。宗法集体主义传统、儒道对立互补的内在循环,使得中国人发展出与农业社会相适应的高度重视人伦日用的平实的经验理性。在这种实用经验理性的笼罩下,中国宗教带有明显的世俗化倾向。就世俗化而言,中国本土的道教较佛教尤甚,可以说它从头至尾都是一种高度世俗化的宗教。佛教作为一种异质的宗教文化,它在中国的传播经历了一个世俗化的过程,这个世俗化也就是中国化,禅宗更是佛教中国化的极致。佛教通过世俗化,与道教和其他民间信仰一道成为中国传统文化精神的神性之维。

1.3.2.6 内圣外王的修身精神

人禽之辨,即人与其他动物的区别,是中国古代思想文化探讨的一个重要问题。先哲们认为,人之所以为人,在于人有社会生活,人有人伦,人有道德规范。人不仅有自然本能,而且有理想和情操,有自己的精神家园。由此,先哲们对于人自身的人格修养极为看重,这不仅是人之所以为人的价值依据,更是人们施展治国平天下政治抱负的根本前提。"厚德载物""内圣外王"的价值追求成为我国传统文化的鲜明特点。这种人格修养,对提升古人的道德境界、净化社会风气起到了重要作用。重拾"内圣外王"的思想对净化和批判当前社会个人主义、急功近利、贪污腐化等不良思想倾向无疑显得格外重要。

1.3.2.7　得意忘象的审美精神

中国传统审美文化博大精深,对于真、善、美及其关联具有自己独特的见解。中国传统美学认为,美在意象。审美活动是人的超理性的精神活动,是要在物理世界之外建构一个意象世界,即所谓于天地之外,别构一种灵奇。这种审美精神充分体现着中国传统文化精神和民族性格,从而在世界审美文化中独树一帜。中国传统审美思想具有崇尚和谐、净化心灵、崇敬自然、追求至境等特征,对于当代审美教育而言,是一笔宝贵的精神财富;对于解决当今社会突出的人与自然、人与社会、人与自我的异化等难题具有独特的作用。

第2章

当代大学生思想政治教育

2.1　当代大学生思想政治教育的原则和目标

▲

▶ 2.1.1　思想政治教育的概念

2.1.1.1　思想政治教育概念的形成

自中国共产党成立以来,思想政治教育概念的形成大致经历了 5 个阶段,即政治工作——思想工作——政治思想工作——思想政治工作——思想政治教育。

中华人民共和国成立前,主要使用"政治工作"代替"思想政治教育"的内涵。中华人民共和国成立后,对这一术语的使用发生了新的变化。与"思想政治教育"最近的概念"思想政治工作"最早由刘少奇提出。1957 年,毛泽东在《关于正确处理人民内部矛盾的问题》中,进一步使用和阐述了这一概念。"思想政治工作"的内涵即思想性的政治工作和政治性的思想工作。1950 年 2 月,第一次全国学校工作会议提出:"坚决地贯彻思想政治教育的进行,是现在学校中开展新民主主义学习的主要关键。"

中国共产党的十一届三中全会前,在"文化大革命""以阶级斗争为纲"的错误路线影响下,各个领域的工作都以政治挂帅,"政治思想工作"成为思想政治工作领域较为统一的术语。党的十一届三中全会以后,党的工作中心转移到经济建设上来,思想性工作内容增多,"思想政治工作"完全取代了"政治思想工作"。1980 年 5 月 27 日至 6 月 6 日,原第一机械工业部和全国机械工会联合召开思想政治工作座谈会,提出了思想政治工作科学化命题。1984 年在高校开设了"思想政治教育专业"课,学科全称为"思想政治教育学"。"思想政治教育"成为思想政治教育学的标准术语。至此,"思想政治教育"概念得以最终确立。这个过程体现了理论认识上的深化和实践操作上的深入。

要指出的是,从发生学意义上讲,"思想政治教育"是从"思想政治工作"演变而来,但思想政治教育含义更广。思想政治工作是党的工作系统,表明它与党的各项工作的关系。而思想政治教育更侧重和突出学科体系和科学理论的建设方面。可见,"思想政治教育"这一概念侧重的是它的学科和理论意义。

2.1.1.2　思想政治教育概念的分析

思想政治教育研究者从不同视角对思想政治教育进行了不同的解释。

邱伟光认为,思想政治教育是培养、塑造一定社会新人思想道德素质的教育实践活动,受社会经济、政治、文化的制约和影响,包括思想教育、政治教育和道德教育。

王礼湛认为,思想政治教育是社会有组织地定向引导人们形成符合特定社会和时代以及人类自身发展要求的思想政治观点和行为品格的教育工程。

袁礼周认为,思想政治教育是用无产阶级的政治思想、政治理论、政治观点,教育人民群众,解决人们的政治思想、政治观点和政治行为问题,提高人们认识世界和改造世界的能力,为当前和长远的目标而奋斗的社会实践活动。

陈秉公认为,思想政治教育是一定阶级或政治集团,为了实现其政治目标和任务而进行的,以政治思想教育为核心和重点的思想、道德和心理综合教育实践。

张耀灿认为,思想政治教育是一定的阶级、政党、社会群体用一定的思想观念、政治观点、道德规范,对其成员施加有目的、有计划、有组织的影响,使他们形成符合一定社会、一定阶级所需要的思想品德的社会实践活动。

孙其昂认为,思想政治教育是一定政党或集团组织开展的,对所属成员进行以政治为核心的思想教育,培育新人,动员大家为当前和长远目标而奋斗的社会实践活动。

王勤认为,思想政治教育是一定的阶级或政治集团,为实现一定的政治目的,有目的地对人们施加意识形态的影响,以期转变人们的思想,塑造人们的品德,进而指导人们行为的社会实践活动。

秦在东认为,思想政治教育是一定的社会政治集团或政治组织机构,为实现其特定的政治目标,通过一定的精神方式和相应的物质载体,对所辖区域内的民众施加有计划和有组织的意识形态影响,使之具备较高思想政治素质的社会教育活动。

学者们从多角度展开了论述:一是从功能角度论述,王勤从"实现目标,转变思想,指导行为"的角度进行定义;二是从内容角度论述,以陈秉公、邱伟光等为代表,思想政治教育应包含思想教育、政治教育、道德教育和心理教育等内容,有利于把思想政治教育内容拓展得更宽一些;三是从目的角度论述,如袁礼周从"解决问题,提高能力,为当前和长远目标而奋斗"的角度进行论述;四是从主客体价值关系来论述,如张耀灿从主客体需要的满足关系的价值角度来进行论述;五是从目的和内容结合角度论述,如孙其昂"进行以政治为核心的思想教育,培育新人,动员大家为当前和长远目标而奋斗的社会实践活动"。

上述概念都强调社会需要、阶级需要和教育目的,对于正确理解思想政治教育有重大启示和借鉴作用。但它们都过于强调阶级性,对人的发展关注不够,对思想政治教育属性、过程也没有指明,仅凭"转化""引导"显然无法解释思想政治教育内涵。如何在复杂多变的历史场域与现实维度中消除迷雾把握科学内涵,如何在系统性思维方式中借鉴吸收前人合理内核进行重新认识,成为理解思想政治教育内涵的应然逻辑。因此,要在继承传统概念的合理性基础上,继续开展理论探讨、逻辑求证和内涵解读工作,立足于时代主题转换和现实发展要求不断拓展,使其研究内容由阶级性走向科学性,理论由零碎性走向系统性,方法由单一化走向多样化,范式由无走向有的科学化路径。

▶ 2.1.2　当代大学生思想政治教育的原则

当代大学生思想政治教育原则,是在大学生思想政治教育实践中形成的,贯穿于大学生思想政治教育全过程,是开展大学生思想政治教育活动必须遵循的具体指导思想和基本要求。

2.1.2.1　求实原则

求实原则体现了一种科学的工作态度。思想政治教育是一项实实在在的转变人的思想的工作,因而任何华而不实和不切实际的做法都难以取得良好的教育效果。求实原则是指大学生思想政治教育要始终坚持"理论联系实际,一切从实际出发,实事求是"的思想路线和原则。大学生思想政治教育的一个重要特点就是具有针对性,要做到这一点,教育者必须遵循实事求是的原则。教育者在进行思想政治教育的过程中,必须从社会发展的现实和教育对象的思想实际出发,运用马克思主义的基本理论去解释分析社会问题和教育对象的思想问题,并从中找出解决问题的基本规律来指导大学生思想政治教育活动。

2.1.2.2　民主原则

民主原则是指在大学生思想政治教育中,尊重学生的主体性地位,尊重其人格和民主权利,创造条件让大学生充分发表自己的意见并加以正确的引导。民主的实质是平等。大学生思想政治教育中的民主就是教育者与教育对象双方在充分尊重对方的人格和民主权利的前提下,创造条件让双方充分表达自己的思想和意见,并在此基础上正确处理相关问题,共同完成大学生思想政治教育的任务。大学生思想政治教育并不能直接作用于人的行为,而是先通过教育对象错综复杂的心理品质作用于人的意识,转而影响其行为。作为教育对象的大学生一般都是青年,他们的自我意识已经渐趋成熟,对自己以及自己和周围的关系开始有了独立的认识和评价,较少盲从,主体意识明显。因此,大学生思想政治教育的成效在很大程度上取决于教育对象对教育内容的关心、思考和理解的积极性和主动性是否被调动起来以及被调动的程度。因此大学生思想政治教育必须坚持民主原则,突出学生的主体性地位,教育者与教育对象以平等态度交流思想,互相尊重,创造民主、平等、和谐、生动活泼的教育环境和气氛。

2.1.2.3　方向性原则

方向性原则是指大学生思想政治教育的全部活动要始终与社会发展的要求相一致,坚持正确的政治方向不动摇。当前,方向性原则主要表现为大学生思想政治教育要旗帜鲜明地坚持社会主义和共产主义方向,坚持党的基本路线,要与中国共产党的纲领与宗旨相一致。坚持方向性原则对大学生思想政治教育活动具有非常重要的意义。首先,只有坚持方向性原则,才能保持无产阶级思想政治教育的本质特色。其次,只有坚持方向性原则才能统一人们的思想与行动,充分发挥思想政治教育的作用。再次,坚持方向性原则是实现思想政治教育价值的根本要求。思想政治教育价值的实现与否,必须以教育目的的实现程度和方向性原则的贯彻程度来衡量。

2.1.2.4 差异性原则

大学生思想政治教育的产生就是由于教育对象现实的思想状况与社会的期望目标之间的差异和教育对象之间的思想差异。就是因为存在这种差异,所以社会提出了对个人进行教育的要求。大学生的思想现状与社会主义发展要求之间,既存在着总方向上的一致性,也存在着具体要求上的差异性。这种差异性是客观存在的,是大学进行思想政治教育的起点。差异性产生的根源和影响因素是多方面的。在高校思想政治教育过程中,承认教育对象思想认识的差异性,是进行良好的思想政治教育的起点。教育者在思想政治教育中,要从大学生的思想实际出发,在密切联系学生思想实际的基础上开展活动。一方面,教育者要不断深入学生,不断地研究学生的思想状况,在了解学生思想的基础上有的放矢地进行教育;另一方面,教育者要把握大学生的不同思想层次,做到因层次而异,因人而异。在把握整体思想状况的前提下,教育者还应分析不同个人的层次类型,并对不同的个人和层次类型采取不同的教育方法,充分发挥教育的针对性特点,实现教育的预期目标。

2.1.2.5 灵活变通原则

在高校思想政治教育过程中坚持灵活变通的原则,其实质是要求将思想政治教育目标和内容的规定性与思想政治教育过程和方法的灵活性有机结合起来。大学生思想政治教育过程是沟通人的思想和交流人的情感的过程,是用正确的思想和真挚的情感影响和感化教育对象的过程。而人的思想和情感的丰富性和复杂性,就决定了在进行思想政治教育的过程中,必须避免生硬、呆板、简单、一刀切的倾向,必须根据教育对象的思想实际和个性特征,有针对性地、灵活变通地来安排教育的情境和选择教育的方法。大学生思想政治教育灵活变通原则还要求根据时代的变化和思想政治教育任务的变化,以及大学生求新求变的思想特点,不断地解放思想,与时俱进,跟上时代发展的步伐,不断地探索高校思想政治教育的新规律,创造思想政治教育的新方法。

2.1.2.6 尊重爱护原则

在高校思想政治教育过程中贯彻尊重爱护的原则,就是要求高校思想政治教育者必须尊重教育对象的主体地位,从关心爱护的愿望出发努力发挥他们的主观能动性,并进行启发诱导,促使他们积极地进行认识交流并提高思想认识水平。思想政治教育活动是主体之间的互动过程,要进行切实有效的思想政治教育,教育者首先在思想上必须树立以尊重爱护教育对象为前提的指导思想。思想政治教育是以帮助教育对象在政治态度、人生道德、人生价值等方面确立与社会意识相一致的个人意识为目的的一种人类精神活动。对教育对象尊重的含义是:教育者要承认教育对象是具有自己个性特征和独立人格的主体,要能够体会教育对象的喜怒悲乐。教育者和教育对象之间应以同志式、朋友式的关系进行交流,从而建立起双方互相尊重、互相交流、互相切磋、共同提高的良好关系。只有真正尊重和爱护教育对象,以真诚关心的态度,以平等的姿态来面对教育对象,才能提高思想政治教育的效果。

2.1.2.7　政治理论教育与社会实践相结合原则

在思想政治教育中既要注重理论教育,又要注重实践教育,强调行为养成,实现知行统一。理论教育是思想政治工作的基础环节,要增强对大学生理论教育的效果,就要从不断地改进学习的方式方法和载体入手,要生动活泼,讲求效果,要入情入理,用事实来教育大学生,采取大学生喜闻乐见、愿意接受的活动形式,宣传思想理论,提高大学生的马克思主义基本理论水平。但理论来自于实践又应用指导于实践,只有在实践中才能充分表现出其价值与魅力。通过组织大学生参加社会实践活动,能进一步加深大学生对理论的认识,巩固和强化理论教育的成果,真正提高大学生思想觉悟和认识能力。

2.1.2.8　教育与自我教育相结合原则

教育是一种社会实践过程。它是由两个相互交织的并行过程所组成的:一个是教师(包括各种教育者)的教书育人、传道授业解惑过程;另一个是学生的学习、成才过程。在教的过程中要充分发挥教师教的主观能动性,而在学的过程中则要充分发挥学生学的主观能动性,二者缺一不可。因此,教育不是一个单一的社会实践过程,而是由上述两个子过程交织而成的复合过程。大学生思想政治教育也是如此。要正确贯彻教育与自我教育相结合的原则,就要一方面加强教育,充分发挥教育的功能;另一方面,加强自我教育,发挥大学生在自我教育、自我提高中的能动作用,通过他们思想的矛盾运动来达到转变思想、提高觉悟的目的。

▶ 2.1.3　当代大学生思想政治教育的目标

当代大学生思想政治教育应以坚持马克思主义指导思想、坚定中国特色社会主义共同理想为根本任务,以践行社会主义核心价值观和自觉弘扬中国精神为主要内容,以提高大学生科学文化素质、道德素养和实现大学生身心和谐发展为基本要求。当代大学生思想政治教育目标可概括为"有理想信念、有核心价值、有中国精神、有能力素养"。

2.1.3.1　有理想信念

理想信念是国家和民族的精神支柱,是维系国家和民族生命力和凝聚力的灵魂和纽带。邓小平同志说过:"为什么我们过去能在非常困难的情况下奋斗出来,战胜千难万险使革命胜利呢? 就是因为我们有理想,有马克思主义信念,有共产主义信念。"新时期大学生思想政治教育目标之所以要在"有理想"的基础上提出"有理想信念",就是要突出信念对理想坚信程度和践行程度的支撑作用,彰显信念对于促进人民团结、凝聚奋斗力量的基础作用。具体而言,"有理想信念"就是要首先引导大学生树立对共产主义远大理想和中国特色社会主义共同理想的坚定信念,正确认识和处理远大理想和共同理想的关系,科学辨别由共同理想的过渡性所带来的阶段性、局部性社会问题的实质,从而既坚定对共产主义的信念,又增强对中国特色社会主义共同理想的信心,并积极投身于中国特色社会主义伟大事业中。其次,要引导大学生树立个人成长成才的理想信念。理想的大小和信念的强弱往往是决定个人成就大小的重要因素。大学生正处于世界观、人生观、价值观形成确立的关键时期,他们是国家建设发展的重要人才资源。他们能否坚定立志成才、报效祖国的理想信念,不仅关乎大学生个人生命价值的实现,更关系到社会的发展和现代化建设的兴衰成败。最后,要引导大学生树立个人理想与社会理想有机统一的坚定信念。在社会主义国家人民根本利益一致的情况下,个人理想与社会理想的深刻统一性,使大学生既不动摇对社会理想实现的信念,也不消减对个人理想实现的热忱,从而积极寻找个人理想与社会理想有效对接的渠道和途径。

2.1.3.2　有核心价值

当前我国正处于改革发展的攻坚时期,因开放环境、利益分化、信息社会而带来的价值观念冲突、价值选择迷失等现象层出不穷。在此情况下,确立广为社会成员认同接受的核心价值,不仅是维护社会稳定和良性发展的关键,也是个人健康成长的必然选择。因此新时期大学生思想政治教育目标应该将"有核心价值"纳入其具体内涵。这里所说的"核心价值"是指党的十八大提出的"三个倡导",即"倡导富强、民主、文明、和谐,倡导自由、平等、公正、法治,倡导爱国、敬业、诚信、友善",这些"倡导"从国家、社会、个人三个层次明晰了大学生思想政治教育目标的内涵范畴,从诚信、友善等基础性价值到富强、民主等理想性价值,明确了大学生进行思想政治教育培养的价值边界。以"有核心价值"为指引,大学生思想政治教育要遵循社会主义核心价值观的层次性规律,将"有核心价值"的个人与"有核心价值"的社会、国家有机统一起来,引导学生正确看待自己与社会、国家的相互关系,使社会主义核心价值观真正内化为一代大学生的内在精神依据和外在行为规范,夯实大学生投身国家建设和实现自我价值的思想基础。

2.1.3.3 有中国精神

人总是要有一点精神的。离开精神力量的支撑,个人就会失去生活的意义和前进的动力。在当代中国,由以爱国主义为核心的民族精神和以改革创新为核心的时代精神构成的"中国精神"是民族精神传统和人民现代风貌的集中表征,有力凝聚社会共识的精神纽带。将"中国精神"纳入大学生思想政治教育目标的具体内涵,无疑深化了大学生思想政治教育目标的内涵结构,即大学生思想政治教育不仅要为学生提供科学的价值规范和价值尺度,还要为大学生提供强大的精神动力。具体来说,"有中国精神"主要包括三方面含义:一是要倡导理性爱国,反对极端民族主义情绪,引导学生弘扬以爱国主义为核心的民族精神,正确处理爱党、爱国、爱社会主义与爱人民的关系;二是倡导锐意进取,反对消极守旧,引导学生弘扬以改革创新为核心的民族精神,提高创新意识和能力,努力成为社会主义现代化建设所需要的拔尖创新人才;三是要将民族精神与时代精神统筹起来,构筑当代大学生共同精神家园。民族精神和时代精神本就相互依存,民族精神只有反映时代精神,才能使一个民族始终走在时代前列,而时代精神只有与民族精神相结合,才能生根,转化为催生民族向上的不竭动力。把弘扬民族精神与弘扬时代精神统筹起来,就是既要引导学生在全球化进程中坚持民族立场,捍卫民族尊严,增强民族自信心、自豪感,又要引导学生树立世界视野、培养开阔胸怀,积极汲取人类一切优秀文明成果,为创新素养提升奠定必要基础。

2.1.3.4　有能力素养

大学生思想政治教育目标不仅要符合一定政党的执政理论和政治制度,合乎一定现实社会秩序所要求的基础伦理道德规范,更要关注大学生群体自身的生存和发展。能力素养是支撑大学生自身生存和发展的内在条件。此外,与过去依靠物质和资本生产要素投入来实现经济发展的模式不同,现代社会更侧重发挥知识运营、知识产业和知识经济在社会发展中的龙头作用,而人的能力素养无疑是知识构成和知识创造的重要基础,因此从这个意义上说,能力素养高低从某种程度上已成为当今时代经济社会发展的决定性因素。正是基于上述理由,我们认为应该将"有能力素养"作为新时期大学生思想政治教育目标的重要内涵。具体来说,"有能力素养"就是既要"有道德素养"也要"有文化素养",其中道德素养是文化素养的尺度规范,文化素养是道德素养的知识技能支撑,二者不可偏废。"有道德素养"在我国就是既继承弘扬中华民族传统美德,又确立包括诚信、合作、科学、公正、守法等在内的现代道德观念,还要将这些道德观念转化为自觉道德行为,做到传统美德与时代要求、道德知识与道德实践的有机统一。"有文化素养"就是既要掌握社会主义先进文化、中国传统文化和人类其他一切优秀文明成果的知识,又具有分析辨别各类文化性质和优长、促进不同文化间对话交融、保持社会主义先进文化主导性的能力,做到知识增长与能力提升的协调共进。

总体来看,"有理想信念"是根本,表征方向性内涵;"有核心价值"是枢纽,表征规范性内涵;"有中国精神"是动力,表征支撑性内涵;"有能力素养"是保障,表征主体性内涵。四个方面相互联系、相辅相成,共同构成了新时期大学生思想政治教育目标的具体内涵。

2.2 当代大学生思想政治教育的内容

▶ 2.2.1 当代大学生思想政治教育的基本内容

2.2.1.1 传统美德教育

(1)自强不息教育。

"自强不息"这个词语源自《周易》中的"天行健,君子以自强不息"。它是从中国古代"天人合一"的宇宙观和朴素的人文思想中孕育发展出来的人民的心理素质和精神状态,它根植于中华民族的传统之中,是中华儿女发奋图强,中华民族自立于世界民族之林,实现民族伟大复兴的精神动力。从历史角度来看,人类的发展和文明的进步是永远不会终结的;而人对自然、社会发展的认识,以及在此基础上形成的永无止境的向上努力、自重自信自强的精神,成了最适应现代社会发展需要的民族精神。对当代大学生进行自强不息教育的目的,就是要使大学生志存高远、刚健有为、不怕困难、积极向上和奋发图强。

(2)忧患自省教育。

忧患意识可以说是一种责任意识,它是个体履行应当承担的社会责任并努力维护社会正常运行的信念和意志。要求人们在市场经济发展过程中敢于承担风险、敢于再创辉煌,把国家、民族的生存发展放在心上,还要求他们树立以天下为己任的历史使命感,维护国内安定、发展、团结、进步的稳定局面,保持积极进取、艰苦奋斗的昂扬斗志,以自身的行动去促进社会发展和民族振兴。

(3)中国革命传统教育。

中国革命传统主要是指中国共产党在领导中国人民进行长期的革命斗争的过程中产生的,并在我们党大力提倡和培植下形成并发展起来的事迹、思想、作风、道德和信仰等。它是共产党领导下的中国革命斗争实践的产物,是我党克敌制胜的传家宝,这一优良传统有着极其丰富的内容。通过革命传统的教育,使大学生的思想境界得到净化和升华,促使他们成为一个高尚的人、一个有道德的人、一个有益于人民的人,并在奋斗、奉献中使自己的人生价值得到实现和升华。

2.2.1.2　道德规范教育

道德规范教育是帮助大学生了解正确处理个人利益与他人利益、个人利益与集体利益关系的行为准则的教育,并在这些行为准则的指导下,帮助大学生将这些行为准则外化为实际行动和道德习惯。道德规范教育是一种养成教育,它实质上是教导一个人如何成为一个真正的"人",如何安身立命,这是一种最基本的教育,只有在这一教育的基础上,才谈得上其他教育。道德规范教育是政治教育、思想教育的起点,只有搞好基本的道德规范教育,才有可能培养具有正确政治思想、科学世界观的社会主义新人。正如儒家所倡导的"修身、齐家、治国、平天下",只有自己有了很高的道德修养,才谈得上造福社会,报效国家。我国社会主义思想道德规范体系的基本框架,即以为人民服务为核心,以集体主义为原则,强调公民基本道德规范教育。

(1)以为人民服务为核心的教育。

把为人民服务作为社会主义道德建设的核心,是中国共产党人在伦理思想上的一大贡献。毛泽东同志在《为人民服务》一文中就精辟地阐述了为人民服务的光辉思想。我们党把为人民服务作为党的根本宗旨,明确写进了党的章程。经过共产党人的长期实践和倡导,为人民服务不仅仅是共产党员始终坚持的根本宗旨,而且已经逐步成为大多数社会成员普遍接受和认同的一条基本道德原则。

为人民服务也是公民应尽的责任和义务。对他人提供必要的帮助和关心是公民应尽的责任和义务,也就是说,我们在接受他人和社会提供给我们的服务时,也应尽自己的所能为他人和社会服务,并在服务他人、服务社会的过程中实现自己的个人利益和人生价值。在新的形势下,必须继续大张旗鼓地倡导为人民服务的道德观,把为人民服务的思想贯穿于各种具体的道德规范之中。要引导人们正确处理个人与社会、竞争与协作、先富与共富、经济效益与社会效益等关系,提倡尊重人、理解人、关心人,发扬社会主义人道主义精神,为人民为社会多做好事,反对拜金主义、享乐主义和极端个人主义,形成体现社会主义制度优越性、促进社会主义市场经济健康有序发展的良好道德风尚。

(2)以集体主义为原则的教育。

集体主义是社会主义道德的根本属性,体现在社会主义道德规范体系各个方面。在社会主义初级阶段,集体主义包含着以下三个层次的道德要求:

①从个人和小集体利益出发,兼顾国家和社会整体利益;

②从国家、集体利益出发,兼顾个人利益;

③在三者利益发生矛盾时,自觉牺牲个人和局部利益,以维护国家和整体利益。

这三种层次体现了由低到高的三种道德境界,与社会主义初级阶段的现实相适应。在三者利益发生矛盾时,自觉牺牲个人和局部利益,以维护国家和整体利益是集体主义的最高境界,是社会主义道德的核心。集体主义原则是为适应社会主义政治、经济制度发展规律而提出的道德原则。加强思想政治教育必须要贯彻集体主义原则的教育。

(3)公民基本道德规范教育。

道德规范是人们根据一定社会的道德要求所制定的,具有普遍约束力的行为规则与标准。道德规范是在人们的道德活动与道德意识的基础上形成与概括出来的,它源于对人们道德行为的指导,又指导着人们的道德行为。公民道德是我国社会主义道德体系的基础,是社会主义道德大厦的基石。中共中央在2001年颁布的《公民道德建设实施纲要》中所指出的"爱国守法、明礼诚信、团结友善、勤俭自强、敬业奉献"公民基本道德规范,是对每一个公民提出的最基本的道德要求。

2.2.1.3 爱国主义教育

大学生是国家和民族的希望,是实现全面建设小康社会的主要力量,他们的爱国情感,将直接关系到社会的进步和发展,关系到整个国家和民族的前途和命运。因此,必须强化爱国主义教育,以增强他们的民族自豪感、自尊心、自信心和自强精神,增强他们的爱国热情和报国决心,在实现中华民族的伟大复兴中贡献力量。

(1)中华民族发展史教育。

历史是不能割断的,只有懂得历史才能正确地了解现在和展望未来。我们要讲中华民族发展史中的曲折,更要讲近百年来我国的屈辱史,讲现代中国革命史,讲新中国的艰苦创业史,使人们特别是青少年懂得,中华人民共和国的成立来之不易,社会主义建设成就来之不易,让人们知道我们国家有今天,多少先烈付出了鲜血和生命,亿万人民进行了多么艰巨的劳动。还应当注重讲杰出人物、英雄模范的奋斗史与贡献史。因为这样的史料最真切、最实际,也最感人,同时又包含着这些人物的世界观,最容易引人效法、学习,具有潜移默化的作用。学习革命先烈为了共产主义的实现而不惜抛头颅、洒热血的精神,学习新时期各条战线上涌现出来的先进人物的积极精神,能够使大学生更好地认识过去,立足现在,展望未来。

(2)中华民族优秀传统文化教育。

中华民族是一个有着悠久历史的伟大民族,我们的祖先通过世世代代的辛勤劳动创造出了光辉灿烂的历史文化,这是我们民族的历史瑰宝,是对大学生进行爱国主义教育的重要内容。

(3)国防意识教育和国家安全意识教育。

当前世界形势动荡不安,地区冲突、局部战争此起彼伏,恐怖活动日益猖獗,给世界和平带来了诸多不稳定因素。在新时期必须加强大学生国防意识教育和国家安全意识教育,并将此作为爱国主义教育的重要内容。爱国主义教育与国防意识教育和国家安全意识教育有着十分密切的联系,爱国主义教育是国防意识教育和国家安全意识教育的核心和灵魂,国防意识教育和国家安全意识教育是最生动、最实际、最有效的爱国主义教育。国家安全意识、国防意识从本质上来说体现着国家意识、国家观念。没有国家安全意识也就没有真正的国家意识,也就很难产生真正的爱国主义情感;没有国防意识,也就很难从理性的高度把握科学的国家观念,因而也就很难使朴素的爱国主义情感向科学和理性的层面升华。随着经济全球化的不断深入,国家安全的内涵与以往相比也有了很大不同,不仅包括政治、军事安全,而且更突出了经济安全,同时又包含科技、文化、信息安全。因而,我们应顺应时代要求,提升与拓展国防意识教育和国家安全意识教育,树立大国防观念,进行大国防教育,培养科学的国家安全意识。

(4)民族平等团结教育。

我国是一个多民族国家,对大学生进行深入的民族平等团结教育对维护民族团结和国家稳定是非常重要的。虽然各民族的人数有多有少,并不均衡,但是各民族之间相互依存,不可分割,并无高低贵贱之分,每个民族都享有相同的权利,应履行相同的义务。

▶ 2.2.2　当代大学生思想政治教育的主导内容

2.2.2.1　世界观、人生观和价值观教育

(1)世界观教育。

世界观教育主要是进行辩证唯物主义和历史唯物主义教育,核心是实事求是的观点和方法的教育。世界观作为关于世界的根本观点,是认识世界和改造世界的根本看法。只有这个问题解决好了,我们才能有一个待人处事的正确态度、观点和方法,才能建立起正确的人生观。马克思主义的创始人及继承者以解放全人类、实现人类全面自由的发展为己任,并以此为核心建立和发展了科学的世界观。我们进行世界观教育,就是要进行马克思主义世界观的教育,这其中包括辩证唯物主义教育、历史唯物主义教育和马克思主义认识论教育。

(2)人生观教育。

人生观是人们对人生的价值、生活的目的和意义的根本看法和观点,是世界观在实践中的体现和运用。人生观具有鲜明的阶级性。共产主义的人生观就是无产阶级的人生观,它的核心是先公后私和公而忘私。同无产阶级人生观相对立的还有资产阶级、小资产阶级的人生观。资产阶级人生观的核心是为自己、损人利己。小资产阶级人生观虽然同资产阶级人生观有所不同,但在本质上都是个人主义的。我国当代大学生思想政治教育的一个重要任务,就是教育广大学生树立无产阶级的人生观。

(3)价值观教育。

价值观教育主要是让教育对象搞清楚"什么是有价值,怎样才能有价值"的问题。价值观的核心是价值观念、价值判断、价值选择等。科学的价值观认为,对他人、对社会、对民族、对国家、对人类有积极作用,就是有价值,反之就是无价值。积极作用越大,价值就越大。科学价值观提倡人们在满足他人、满足社会、满足民族、满足国家、满足人类的进步需要中满足自己,实现自己的价值。价值判断必须坚持社会、民族、人类等价值优先的准则,只有这样,社会才能有一个相对统一的价值判断标准。科学的价值选择要求人们在人生奋斗过程中首先最大限度地实现社会的价值、民族的价值、国家的价值和人类的价值。

社会主义核心价值体系集中体现了社会主义意识形态的性质和方向,是社会主义思想道德建设的理论基础,是激励全民族包括大学生在内奋发向上的精神力量。因此,当前价值观教育的重点是让大学生深入理解社会主义核心价值观的科学内涵和重要意义,使他们将社会主义核心价值体系作为自己的价值诉求,并用其指导思想和行动。

2.2.2.2 理想信念教育

理想信念在人的主观精神世界中居于核心地位,起着主导和统领的作用。正确的理想和信念,是一个公民、一个政党、一个民族、一个国家的精神支柱和动力源泉,也是大学生思想政治教育的核心内容。大学生理想信念教育的目标是引导大学生树立正确的个人理想与社会理想,坚定他们为理想坚持不懈奋斗的信念;引导大学生把个人的成长进步同中国特色社会主义伟大事业、同祖国的繁荣富强紧密联系在一起。大学生理想信念教育的目标决定其内容,因此,我们可以把大学生理想信念教育的基本内容主要概括为以下几个方面。

(1)坚定马克思主义信仰。

马克思主义是将科学的世界观和方法论、彻底的唯物主义、无产阶级的党性原则、全心全意为人民服务的精神融为一体的科学体系。它是不断创新的理论,能一直引领时代潮流,成为指导社会发展、人类进步的指路明灯。中国特色社会主义的健康发展已经向世人昭示,以马克思主义为指导,社会主义必将迎来新的辉煌。

(2)增强对党和政府的信任。

人民群众对领导干部的信任,实际上也是对党、对国家政权的信任,更是对马克思主义和社会主义制度的信任。大学生作为社会主义现代化事业的建设者和接班人,他们中的许多人将会走上领导岗位。在成为领导干部后,他们应该通过称职有效的工作,取得人民群众的信任。

(3)坚定建设中国特色社会主义的信念。

社会主义教育是重要的政治教育,目的是引导大学生坚定社会主义信念,坚定地走有中国特色的社会主义道路。

最高理想作为人的最高价值追求,是一种未来的目标,它只有具体化为一些阶段性的理念目标,并付诸实践,在实践中转化为现实,才能逐步得以实现。共产主义最高理想只有在社会主义社会充分发展和高度发达的基础上才能实现。实现共产主义是空前伟大而艰巨的事业,建设中国特色社会主义现代化事业,是一项全新的伟大工程。

建设中国特色的社会主义是一项艰巨的任务,在这个过程中,很多深层次的思想问题也会表现出来。而要解决这些问题,就要依靠思想政治教育,重点是加强理想信念教育。唯有如此,才能坚定建设中国特色社会主义的信念,也才能将信念转变为自觉的行动,为中华民族的伟大复兴做出自己最大的贡献。

(4)增强对改革开放和现代化建设的信心。

对改革开放和现代化建设事业是否充满信心,是目前信仰、信念、信任的现实体现。以邓小平同志为核心的党的第二代中央领导集体面对复杂多变的国际形势,冷静思考,积极应对,深刻总结国内外社会主义建设的经验教训,成功地找到了建设中国特色社会主义的道路,为解决科学社会主义的时代难题做出了独特的贡献。经过多年的建设,特别是改革开放 30 多年来的发展,我国的综合国力大大增强,为今后的发展创造了有利的条件,奠定了比较坚实的物质基础。当前,以习近平总书记为核心的党中央正率领着全国人民向着全面建成小康社会的宏伟目标奋勇前进。大学生一定要正确认识时代责任和历史使命,用中国梦激扬青春梦,把个人的理想追求融入国家和民族的事业中,勇做走在时代前列的奋进者、开拓者。

2.2.2.3 中华民族精神教育

中华民族精神源于五千多年的文明发展史,在建设美好家园、抵御外来侵略和克服艰难险阻的奋斗中,中华民族不断培育和发展着自己的民族精神。我们在引导大学生正确认识民族精神科学内涵的基础上,还要教育他们以创新、开放的态度看待民族精神,为民族精神增添新的时代内涵。一方面,要教育大学生根据新的实践和时代的要求,吸收和借鉴世界各民族的民族精神的精华,对传统民族精神加以创新,实现民族精神的继往开来,与时俱进;另一方面,要教育大学生珍视、继承我国在五千多年的历史中形成和发展起来的伟大民族精神和我们党领导全国人民在长期实践中形成的伟大时代精神。

(1)团结统一。

团结统一是新时期爱国主义精神的一个重要方面。其时代要求就是要形成社会主义中国、中华民族的一种强大的向心力和凝聚力,要使我国的 56 个民族亲密无间,各阶层的广大群众同心协力、同心同德、精诚团结。"民族的团结""国家的统一"是中华民族在历史经验中培育和发展的民族精神,也是我们建设中国特色社会主义、维护祖国和平统一的强大武器和精神支柱。

(2)爱好和平。

爱好和平在中华民族精神中有着特殊的地位。爱好和平的民族精神是指一个民族在同其他民族的交往中,平等相待,友好相处,求同存异,团结和平,为了维护世界和平、促进共同发展而努力贡献的精神。它是我国多民族长期共同生活和社会实践的文化积淀和结晶。以和为贵是中华民族为人处事的一个基本准则。在人和人的交往和相互关系中,强调"和气致祥""和气生财";在社会生活中,主张"政通人和";在各民族之间,强调友好相处、"和衷共济""和睦相亲";在国与国的关系中,主张"协和万邦""和平共处",反对一切形式的侵略战争,反对"以强凌弱""以众暴寡",主张国家不分大小,都应当平等相待。

(3)勤劳勇敢。

勤劳勇敢的民族精神具体是指中华民族为了自身的存在和发展,在改造客观世界的过程中,勤勤恳恳、战天斗地的精神。它是中华民族在漫长的历史中,在艰苦的自然条件和严酷的社会斗争中锻炼和培育出的吃苦耐劳、艰苦奋斗、不畏艰险、勇于攀登、俭朴勤奋的不屈不挠的精神。勤劳勇敢不仅贯穿于中华民族一切劳动和社会生活的各个领域,也体现在中华民族德行的各个方面。中华民族依靠这种勤劳勇敢的民族精神,创造了一个又一个的人间奇迹。坚持和发扬这一精神,就能够在极端困难的条件下,迎着困难而勇往直前、顶着逆流而百折不挠,直到取得最后的胜利。在全面建设小康社会的新时期,弘扬"勤劳勇敢"精神,有着尤为重要的意义。

2.2.2.4 时代精神教育

时代精神是一个时代特有的、反映社会进步发展方向、引领时代进步潮流的精神,是一种超脱个人的共同的思想观念和行为方式,是时代文明(物质文明、制度文明和精神文明)内在的、深层的精髓与内核,是对现代文明最高层次的抽象。它决定着代表历史前进方向的时代文明的客观的、本质的潮流和发展趋势,并积极推动时代政治、经济和文化发展。

▶ 2.2.3　当代大学生思想政治教育的新内容

当代大学生思想政治教育的内容是一个既相对稳定又不断发展的体系。随着时间的推移,原有的内容不能完全适应新环境的要求,为了人的全面发展,需要不断对大学生思想政治教育的内容进行拓展创新。

2.2.3.1　诚信教育

"诚"是向内、向善的内心追求,是个人的内在价值,是一种道德规范,一种人生态度和道德境界,它体现的是我与自我的关系。"信"则偏重于"外信于人",是一种行为规约,一种具体的道德品格,是向外、向真的外在追求,是个人诚实的品格接受考验的外在价值,表现为守信义、讲信用,以及由此建立起来的信誉、信赖、信心和信任等,体现为社会化的道德实践。诚实守信是市场经济条件下经济活动的一项基本道德准则,是职业道德的一项基本要求,是做人的一项基本道德准则。

当前,从总体上看,大学生的诚信状况是好的,但在少数大学生身上也出现了诚信缺失的现象。因此,我们要高度重视诚信教育,可以从以下几个方面加强诚信教育。

(1)加强诚信道德教育。要通过多种途径积极对大学生进行正面的诚信道德教育。大学生对诚信有了理性认知和认同,才能在实践中忠实地履行诚信。

(2)营造诚信的社会氛围。在全社会开展诚信教育,充分发挥大众传媒的宣传功能。在全社会倡导和弘扬诚实守信的良好风尚,批判各种不诚信的行为和观念,最终在社会中形成健康的道德评价体系,营造诚信的社会氛围。

(3)创建良好的校园风气。积极向上的校园文化对大学生有着潜移默化的导向作用。利用丰富多彩的校园文化作为实施诚信教育的有效载体,加深大学生对诚信这一基本道德规范的理解,建立和谐的人际关系。

2.2.3.2　心理健康教育

(1)人际关系和谐教育。

人际关系和谐教育主要是帮助大学生了解人际交往及人际关系的基本知识与技能,学习与他人交往并保持良好的人际关系,悦纳他人、尊重他人、学会合作、和睦共处,处理好与同学、异性、家长、教师各方面的关系。

（2）非智力因素培养教育。

非智力因素是指动机、兴趣、情绪、意志等心理因素。培养非智力因素主要在于激发大学生的成才动机，帮助其培养学习兴趣，锻炼意志品质，形成健康的情绪。重点在于使大学生了解人的情绪成熟的标准及情绪变化的特点，掌握调节情绪的方法，保持乐观的情绪和良好的心境。

（3）智力发展教育。

智力发展教育主要是帮助大学生了解智力发展的规律、分布特点及自身智力发展的水平与特点。通过培养大学生的观察力、记忆力、想象力、思维力等，挖掘并开发大学生的智力潜能，帮助大学生培养多种能力，掌握有效的、科学的学习方法，养成良好的学习习惯，提高学习效率。

（4）环境适应教育。

环境适应教育主要是帮助大学生了解社会变化发展的特点及趋势。通过社会实践、模拟训练等方法，使大学生正视现实，改变不切实际的幻想，脚踏实地，提高心理承受能力，以充分的心理准备和较强的适应能力去迎接急剧变化的时代。

（5）人格健康教育。

人格健康教育主要是帮助学生了解健康人格的理论与特征，了解自己心理活动的规律和个性特点，客观分析自己，扬长避短，形成开朗、活泼、富有同情心、正义感、责任感的良好性格，克服自卑感，避免心理变态及人格异常。

2.2.3.3 廉洁教育

大学生即将走向社会，对他们进行廉洁教育对净化整个社会"空气"有着重要意义。

（1）认识"廉洁"的概念。

"腐败"是"廉洁"的对立面，只有与腐败行为保持距离的人，才能称得上廉洁之人。学界有很多学者都对腐败做出了定义，主要有以下几种：第一，以公共职位为中心的定义。腐败是指公职人员违背法律和规则、滥用公共权力以取得非正当利益的行为。第二，以市场为中心的定义。腐败是指将公共权力商品化，实现公共权力和私人及团体利益的交换的行为。第三，以公共利益为中心的定义。腐败是指为了特殊利益(私人的、小团体的或者某个政党的利益)而忽略或者损害公共利益的行为。

从上述腐败的定义中可以看到腐败的两个最为核心的因素:公共权力和公共利益。以公共权力为中心的腐败定义,说明了腐败的核心是公共权力的异化;以公共利益为中心的腐败定义,说明了腐败的目的是损害公共利益,满足小集体自身需求。因此从这个意义来看,廉洁者往往能够把握底线,在适当范围内安排自己的活动。

(2)大力宣传中华文化中的廉洁文化。

在西方文化横行的今天,我们要坚守住我们的道德家园,要宣传中华文化中的廉洁文化。各个高校都非常注重对大学生进行中华文化教育。要把我国古代的廉洁教育先进经验与当代共产主义道德、与中华民族伟大复兴的梦想结合起来对大学生进行廉洁教育。

大学生的廉洁教育绝不仅仅是口号的宣传,而是廉洁文化的建设。我们要利用大众传播媒体等进行大力度的廉洁文化宣传,在全社会形成具有导向作用的廉洁文化氛围。

(3)真正实现廉洁教育的开放化、全民化。

廉洁文化是一种先进文化,先进文化具有熏陶功能。我们要实现廉洁教育的开放化、全民化。传统意义上的廉洁教育仅仅局限于"会场",这是远远不够的。我们要将廉洁教育全面推向便于全民参与的开放式广场,使廉洁文化通过"广场"进入广大人民心中,尤其是对当代大学生发挥潜移默化的教育作用。

(4)真正实现廉洁教育的生活化、现实化。

对大学生进行廉洁教育的目的是使大学生在现实生活中保持思想和行为的清廉。大学生要积极参与廉洁文化教育,人人促廉,人人保廉。

2.2.3.4 创新创业教育

创新创业教育作为一种实用教育,越来越多地被提及和重视,并成为大学生思想政治教育的新内容。其主要是以培养具有创业基本素质和开创型个性的人才为目标,重点在于培育大学生的创业意识、创业精神、创新创业能力,主要包含了社会意识培养、能力提升、环境认知加深、实践模拟加强四个方面的内容。

(1)社会意识培养。

创新创业教育可以帮助大学生培养社会意识。启蒙大学生的创新意识和创业精神,使大学生了解创新型人才的素质要求,了解创业的概念、要素与特征等,掌握开展创业活动所需要的基本知识。大学生要创新创业,必须学习这些基本知识,只有充分了解了创新创业相关的要素,备足了创新创业的功课,才能少走弯路。

(2)能力提升。

创新创业教育可以帮助大学生提升各种能力。通过了解创新创业的各种必备条件,掌握创新创业所需要的过程,可以不断提高大学生的思维能力,锻炼他们的沟通协调能力,同时也可以提升他们的管理决策和领导能力,这样有利于他们结束大学学业,步入社会之后,能够真正独立地开展创新创业,不至于和社会发展不相融。

(3)环境认知加深。

通过开展创新创业教育,引导大学生认知当今企业及行业环境,了解创新创业机会,把握创新创业风险,掌握商业模式开发的过程、设计策略及技巧等。当前大学生思想政治教育不仅仅要引导大学生正确处理学习和生活的关系,更要引导他们加深对环境的认知。大学生毕业后要步入社会,想要创新创业,就必须认识整个社会的市场经济环境,清楚掌握创新创业所带来的风险和压力,而不是盲目创新创业。

(4)实践模拟加强。

通过创新创业计划书撰写、模拟实践活动开展等,鼓励大学生体验创新创业准备的各个环节,包括创新创业市场评估、创新创业融资、创办企业流程与风险管理等。

2.3 当代大学生思想政治教育的现状

▶ 2.3.1 当代大学生的行为习惯现状

当代大学生多数为"90后",他们积极向上、乐观进取,有着非常强的独立自主意识、社会参与意识与创新求变意识,同时也存在一些问题,具体表现在如下方面。

2.3.1.1 组织观念较淡薄

当代大学生喜欢人际社交生活,并在这一过程中逐渐建立起一套自己的社交原则,通常按照共同的爱好、兴趣,甚至利益,划分成不同的社交圈。在社交圈中,他们坦诚,相互帮助,合作互利。但需要指出的是,这些小群体并不是传统意义上的"组织",组成群体并不说明个体间情感、价值观念甚至信仰的趋同,现实利益才是维系小群体相对稳定发展的基础。强调个体体验的他们,表现出对集体意识与组织观念的较淡漠。

2.3.1.2 责任感较差

由于缺乏生活历练与处世经验,当代大学生的自我认知与实际能力之间存在较大差距,在处理棘手问题时,容易出现本能推卸责任的行为。同时,由于具有很强的自我意识,他们在面对他人的批评和指责时,更多的是寻找外部原因和客观原因,忽视主观原因,不敢承担相应的责任。当个人利益与集体利益发生冲突时,如果客观规范未加限制,集体责任感很难对他们形成有效的约束。

2.3.1.3 崇尚"非主流"文化

"非主流"文化是指近年来从他国引进的,主要是由国内"90后"年轻人发展形成的,明显有别于传统"主流"文化的极端文化的统称,主要表现为张扬个性、展现自我。应该看到,当代大学生崇尚"非主流"文化的根源在于他们内心孤独,期望被关注。他们以自我为中心,期望张扬个性,本无可厚非,但是部分大学生过分追求另类、标新立异的行为以及当代大学生群体具有"非主流"化趋势,应该引起我们的足够重视。

2.3.1.4 实用主义影响较深

讲求实效是当代大学生很注重的一点。他们理性、务实,摒弃脱离实际的空谈,拒绝形式主义,更加开放、淡定。面对将在一定时期内存在的巨大就业压力,他们的择业观念更加实际、灵活;面对异常激烈的职场竞争,他们的心态更加淡定。但同时,部分大学生耳濡目染,接触到一些不良社会现象,带有较强的功利心理,认为结果比过程重要,甚至为了结果可以不择手段。受社会环境、就业压力和其他外部因素的影响,部分大学生认为在学生会任职、入党比学习重要,入党就是为以后找份好工作打基础,等等。

2.3.1.5 认知与行为矛盾

当代大学生崇尚新知识、新技术、新信息,接受新事物的意识和能力较强,知识结构更加复杂多样。他们对善恶、是非、美丑有着清楚的认识,具有良好的道德观和大局观。在涉及国家或集体方面,他们具备基本的公民意识,重视中华民族的优秀文化传统。但同时,部分大学生的价值观念和行为目的更趋于功利性,常常以自我为中心,趋利避害,认知与行为不一致甚至完全相反。

2.3.1.6　具有享乐主义倾向

当代大学生视野开阔,开放意识强,但也容易受到西方文化的冲击。他们能够以现代化、全球化的眼光观察世界,勇于吸收西方现代文化,但部分大学生又对西方思潮缺乏分析辨别能力。在他们的成长过程中,传统因素的影响进一步减弱,现代甚至后现代因素的影响持续增强。伴随着现代高科技的兴起,发短信、打电话、MSN、QQ、微信、微博、网游成为许多大学生生活必不可少的部分。部分大学生热衷于带有显著娱乐化倾向的网络生活,更注重物质享受,消费方式也与父辈不同,缺乏节约资源和艰苦奋斗的观念,具有享乐主义倾向。

▶ 2.3.2　当代大学生的思想政治现状

根据教育部哲学社会科学发展报告建设项目"中国大学生思想政治教育发展报告"课题组 2015 年度调查报告显示,当代大学生拥有明确的人生目的、乐观的人生态度和正确的人生价值取向,积极规划未来发展;认知、认同、践行社会主义核心价值观情况良好;主动参加理论学习和政治活动,思想认识深刻,理想信念坚定,道路自信、理论自信、制度自信不断增强;"厚德于心善于行",推崇"慈爱扬善""见贤思齐""相善其群"的道德精神;拥有强烈的民族自豪感、高度的文化自信和文化自觉。同时,也存在着一些问题。下面通过引用《中国大学生思想政治教育发展报告2015》的调查情况,说明当代大学生的思想政治现状。

2.3.2.1　人生观与人生追求

多数大学生对人生目的的理解积极正向,91.6%的大学生拥有明确的人生理想。数据显示,84.4%的大学生不赞同"生死由命,富贵在天";83.7%的大学生不赞同"人为财死,鸟为食亡";面对"宿命论""拜金主义"等对人生目的的错误看法,多数大学生具备应有的警惕意识和抵御能力。但调查也发现,"享乐主义"在大学生群体中有抬头之势,32.6％的大学生对"人生苦短,应及时行乐"表示赞同;在人生理想注重因素上,大学生对"事业成就"(32.8％)、"物质财富"(19.2％)、"兴趣爱好"(16.0％)等因素的关注明显高于对"国家或社会需要"(5.2％)等社会因素的关注。

多数大学生拥有乐观向上的人生态度,91.4％的大学生对目前的生活状况感到满意,75.2％的大学生乐观看待未来人生发展。大学生对未来发展规划非常重视,95.1％的大学生有自己的人生规划,其中,47.3％的大学生"长、短期规划都有"。但是,也有近1/4(23.1％)的大学生表示对未来感到迷茫,40.7％的大学生目前"只有短期规划"。应进一步引导大学生根据主客观环境的变化对其未来发展做出更科学、合理的规划。

大学生普遍拥有正确的人生价值取向,89％(2014年为81.8％)的大学生认为"奉献是人生最大的快乐",81.6％(2014年为67.2％)的大学生对"先索取,后奉献"持否定态度。此外,在处理人生自我价值与社会价值的关系上,大学生更注重二者的有机结合,82.8％的大学生赞同"人生梦想是国家梦、民族梦和个人梦的有机统一",68.3％的大学生选择在实现自我价值与实现社会价值二者之间寻找平衡,61.9％的大学生认为"人生价值只有在集体中才能得到更好的实现"。

2.3.2.2 价值观与价值选择

多数大学生对社会主义核心价值观表示高度赞同,整体认同度为91.7％,对国家层面、社会层面、公民层面核心价值观的认同度依次为94.5％、93.7％、83.0％。大学生对12项社会主义核心价值观的认同度分别是:富强96.2％、民主92.4％、文明95.4％、和谐93.9％;自由90.9％、平等94.0％、公正95.2％、法治94.7％;爱国79.0％、敬业80.8％、诚信91.9％、友善96.4％。此外,多数大学生积极争做社会主义核心价值观的自觉践行者,有59.0％的大学生愿意下基层开展社会主义核心价值观教育宣讲活动,85.9％的大学生认为"培育和践行社会主义核心价值观人人有责"。

大学生认同社会主义核心价值观对我国发展进步有积极意义。大学生对12项价值观重要程度的评价有所差异,由高到低依次为:诚信(67.0％)、法治(66.7％)、民主(66.4％)、文明(64.0％)、公正(62.0％)、平等(60.6％)、富强(55.1％)、和谐(52.4％)、自由(50.9％)、爱国(45.0％)、友善(39.8％)和敬业(36.5％)。关于社会主义核心价值观在当前的实践与实现程度,大学生对其评价不一,由高到低依次是:爱国(97.0%)、敬业(93.2%)、友善(92.6%)、法治(90.3%)、和谐(89.8%)、文明(87.8%)、富强(87.7%)、诚信(86.2%)、自由(81.5%)、公正(79.7%)、平等(77.4%)、民主(77.1%)。

2.3.2.3　政治观与政治行为

调查显示,多数大学生的政治理想信念坚定,道路自信、理论自信、制度自信不断增强,能够深刻认识坚定中国特色社会主义共同理想的重要意义,亦能够正确把握中国特色社会主义发展道路、理论体系、政治制度的本质、价值与优势。86.0%的大学生认为"应当牢固树立中国特色社会主义共同理想"(2014年为78.1%);87.2%的大学生认同"实现民族复兴必须坚持中国特色社会主义道路"(2014年为82.6%);87.8%的大学生赞同"中国特色社会主义理论体系是我国现代化建设的理论指南";86.9%的大学生认为"中国特色社会主义制度具有独特优势"。在具体政治制度层面,大学生对人民代表大会制度、中国共产党领导的多党合作和政治协商制度、民族区域自治制度、基层群众自治制度的认同度依次为85.0%、86.8%、88.6%(2014年为78.0%)、85.5%(2014年为75.5%)。总体来看,大学生对中国特色社会主义共同理想、发展道路、理论体系、政治制度的认同度均高于85%,较2014年有显著提升。

在对中国特色社会主义事业领导核心的认知和态度方面,多数大学生自觉拥护党的领导,对党组织充满向往。84.7%的大学生认同"中国共产党的领导是我国发展进步的根本保证",87.8%的大学生认同"没有共产党就没有新中国"(2014年为76.5%),87.2%的大学生认同"中国共产党是中华民族的先锋队"(2014年为77.5%),78.7%的大学生愿意加入中国共产党(2014年为78%)。调查进一步发现,多数大学生的入党动机总体端正,他们选择的排在前位的入党动机分别是"追求理想信念"(26.9%)、"为国家和社会作出更多的贡献"(23.0%)、"对党的执政地位和执政理念有信心"(14.6%)等;排在后的有"增强就业竞争力"(12.8%)、"寻求政治荣誉感"(11.6%)、"谋求仕途发展"(6.1%)等。

多数大学生对政治活动的支持度较高,参与意愿较为强烈,52.8%的大学生支持"在校大学生参与民主选举、游行示威、政治监督等政治活动",68.4%(2014年为65.4%)的大学生愿意参与上述政治活动。多数大学生政治理论学习的意愿更加积极,54.2%(2014年为44.5%)的大学生愿意参加"学校或学院组织的政治理论报告(学习)会议"。调查还发现,当媒体对社会事件的报道有出入时,65.4%的大学生选择相信"政府官方回应"或"国内主流媒体的报道",表明当前大学生的政治信任状况良好。但是,也有14.4%的大学生选择相信"境外媒体的报道",这一现象应引起重视。

2.3.2.4 道德观与道德行为

多数大学生高度认可雷锋精神、崇尚道德模范,93.6%的大学生认为雷锋精神"并未过时,仍值得发扬",62.6%的大学生明确向往成为社会道德模范或英雄。国家道德建设举措在大学生群体中得到了较好的宣传,81.6%的大学生了解"感动中国2014年度人物",参与调查的20个省份的大学生对"感动中国2014年度人物"的知晓度在71.9%~89.6%。

大学生道德意愿充沛并且积极践行,展现了"厚德于心、践诺于行"的道德品行。调查显示,多数大学生积极弘扬助人为乐精神,96.6%的大学生愿意扶起跌倒老人(2014年为93.2%);志愿服务成为大学生的自觉行动,91.1%的大学生愿意做诸如抗震救灾、山区支教、环境保护等相关活动的志愿者;大学生"慈爱扬善、奉献社会"的公益精神愈加彰显,89.0%的大学生曾参与公益活动。

2.3.2.5 文化观与文化素养

多数大学生拥有强烈的民族自豪感,乐于传承中国优秀传统文化。91.5%的大学生"为自己是中华民族一员而自豪",89.9%的大学生确信"中华民族一定能创造文化新辉煌",96.1%的大学生知晓中华文化发展演进历程,表明当前大学生群体的文化素养整体较好。在学习和传承中国优秀传统文化方面,多数大学生表现出浓厚的兴趣和意愿,93.3%的大学生对中国古代的经史子集、诗词歌赋、琴棋书画、舞蹈武术等传统文化感兴趣,95.3%的大学生愿意参加学校开展的"阅读中国古代经典、学习民族乐器、练习中国功夫"等中华文化传承活动。大学生群体已然成为中国优秀传统文化的重要传承者和弘扬者。

多数大学生对中国传统节日情有独钟,27.7%的大学生表示"中西方节日同样喜欢",67.0%的大学生表示"更喜欢中国传统节日"。多数大学生能够理性看待中西方节日文化,喜欢西方节日的主要原因是"借此消遣娱乐,放松心情"(58.4%)。

但是,大学生出于"对西方节日蕴含意义的认可"而喜欢西方节日的个案百分比达52.9%,西方节日对大学生文化价值观的影响不容忽视。

▶ 2.3.3　当代大学生的思想政治教育开展现状

下面继续引用《中国大学生思想政治教育发展报告 2015》的调查情况,从当代大学生日常思想政治教育和思想政治理论课教学两个方面来说明大学生的思想政治教育开展现状。

2.3.3.1　日常思想政治教育

当前高校日常思想政治教育工作的实际开展情况较好,大学生的整体满意度较高。89.0%的大学生对日常思想政治教育的育德作用持肯定性评价,教育渠道、教育举措、全员育人工作的整体满意度依次为 67.2%、57.8%、59.4%。"教育引导－思想观念－文明行为"结构方程模型显示,教育渠道满意度的提升对于提高日常思想政治教育效果的贡献度普遍高于教育举措的,其标准化系数分别为:党团活动 0.79、社会实践 0.77、就业教育 0.76、社团活动 0.75、校园文化活动 0.74、心理健康教育 0.73、网络教育 0.71、学生后勤服务 0.66、学生资助工作 0.63。

调查显示,多渠道推进大学生日常思想政治教育成效显著。从大学生的参与意愿来看,社会实践活动深受大学生喜爱,90.7%的大学生愿意参加社会实践;79.5%的大学生愿意参加学校组织的诸如讲座、运动会、读书会、文艺晚会等校园文化活动,积极向上的校园文化活动丰富了大学生的精神文化生活。面对种类繁多的社团活动,大学生选择文体活动类社团(41.0%)、公益活动类社团(29.3%)的意愿明显高于选择学术科技类社团(18.1%)和思想理论类社团(5.5%)的意愿。从教育活动的开展及参与情况来看,87.3%(2014 年为 79.7%)的大学生在校期间曾参加过社会实践;67.0%的大学生参加过社团活动,其中 32.4%的大学生参加了一个社团,25.7%的大学生参加了两个社团,参加过三个及以上社团的比例为 8.9%;高校党团组织积极探索新形势下的党团教育活动,66.0%的大学生表示其所在党团组织会定期开展组织生活。从教育活动的效果评价来看,大学生对社会实践活动的满意度相对较低(65.7%),当前高校社会实践活动现状和大学生的内心期许仍有距离;社团活动的开展成效及其育德作用得到肯定,大学生对社团活动的满意度较高(69.4％),65.7％的大学生表示社团活动对其有"比较大"或"非常大"的帮助;60.5％的大学生对党团活动表示满意。

调查显示,全员育人工作得到大学生的总体肯定,但仍有较大提升空间。在科研育人方面,74.9％的大学生表示导师重视在科研工作中对学生进行学术规范与学术道德的引导;在教书育人方面,57.3％的大学生认为教师群体做到了既教书又育人;在管理育人方面,大学生对学校后勤服务的满意度为56.9％;在课程育人方面,48.3％的大学生认为其他课程教学对促进其思想品德发展具有积极作用;在家校合作育人方面,46.0％的学生表示其所在学校或学院会"定期组织"或"偶尔组织"师生与家长的见面会、交流会等学校和家庭之间的交流和沟通活动。与科研育人相比,教书育人、管理育人、课程育人、家校合作育人的教育成效仍有待加强改进。全员育人是一项系统工程,高校应充分调动全体师生、家长的育人积极性,努力营造全员育人的良好氛围。

当前大学生日常思想政治教育多措并举,构筑了全方位的教育体系,多重教育举措在推进思想政治教育工作中发挥了重要作用。具体来看,关于主题教育,86.7％的大学生表示学校会针对传统节日、重大事件等开展主题教育活动,80.9％的大学生表示学校开展过诸如"学雷锋""创先争优"等教育活动。关于学生资助工作、就业指导教育、心理健康教育、网络思想政治教育,大学生的满意度依次为73.4％、59.5％、56.1％、42.2％。除主题教育、学生资助工作外,大学生对其他教育举措的满意度均低于60％,应予以重视。近年来,高校积极推动网络思想政治教育,91.5％的大学生表示所在学校拥有微信、微博等新媒体公众平台,85.2％的大学生会主动浏览学校的新媒体公众平台,45.9％的大学生会主动浏览思想政治教育类主题网站。新媒体网络育人平台受到大学生广泛关注,但网络思想政治教育满意度仍有待提升。

2.3.3.2 思想政治理论课教学

思想政治理论课开展效果得到多数大学生高度认可。调查显示,多数大学生充分肯定当前思想政治理论课的开展效果及其育德作用。有82.7％的大学生对当前思想政治理论课开展效果持肯定性评价;89.4％的大学生对思想政治理论课教学的育德作用持肯定性评价,比"其他课程"高出37.7个百分点。另外,"教育引导－思想观念－文明行为"结构方程模型显示,思想政治理论课教学正向显著影响大学生的人生观、价值观、政治观、道德观,且对大学生道德观的影响最大,标准化系数为0.17。

通过比较分析调查所涉的20个省份(直辖市、自治区)发现,不同省份(直辖市、自治区)大学生对当前思想政治理论课开展效果的评价差异较大。20个省份(直辖市、自治区)按照大学生对思想政治理论课开展效果及育德作用的整体性评价从高到低排序依次是:山东、新疆、贵州、黑龙江、宁夏、吉林、辽宁、上海、江苏、湖北、陕西、天津、北京、四川、浙江、安徽、重庆、甘肃、湖南、云南。在开展效果层面,20个省份(直辖市、自治区)的肯定性评价处于73.1%~91.4%,近半数省份(直辖市、自治区)的肯定性评价超过80%;在育德作用层面,20个省份(直辖市、自治区)的肯定性评价处于83.8%~97.1%,近半数省份(直辖市、自治区)的肯定性评价比例90%。

关于思想政治理论课的建设情况,大学生对课程设置、教学内容、教学方法、师资水平的肯定性评价依次为91.5%、89.7%、86.9%、93.1%(2014年依次为91.8%、91.1%、89.6%、90.5%),满意度依次为56.2%、52.2%、48.9%、60.7%,其中,师资水平的肯定性评价得分最高,而教学方法的肯定性评价得分较低。

当前思想政治理论课建设的总体成效较好,但是不同区域之间存在一定差距。不同区域大学生对思想政治理论课建设的整体性评价由高到低依次是:东北地区(93.4%)、华东地区(91.4%)、华北地区(89.8%)、西北地区(88.8%)、西南地区(88.7%)、华中地区(88.7%)。总体来看,东部地区的思想政治理论课建设情况评价最高,西部地区次之,中部地区最低。不同区域思想政治理论课建设评价的具体情况:关于课程设置、教学内容、师资水平,东北地区评价均最高;关于课程设置和教学内容,西北地区评价最低;关于师资水平,华中地区评价最低;关于教学方法,华东地区评价最高,西南地区评价最低。

大学生普遍期盼思想政治理论课教学进一步联系现实问题、增强趣味性。关于教学内容的改进,大学生对"密切与现实生活的联系"(68.4%)、"积极回应社会热点问题"(63.6%)的呼声远远高于"注意避免重复"(20.9%)、"加强理论性和思想性"(11.4%);关于教学方法的改进,50.5%的大学生建议要"增强教学的趣味性",47.9%的大学生建议要"重视开展实践教学",而"加强师生互动交流"(29.8%)、"强化案例教学"(23.6%)、"重视网络、多媒体等教学手段的运用"(17.5%)的关注度相对较低。

第3章

中国传统文化与当代大学生思想政治教育的融合

3.1 中国传统文化与当代大学生思想政治教育融合的重要性

▲

▶ 3.1.1 为当代大学生思想政治教育提供教育原则

当代大学生思想政治教育要从中国优秀传统文化中汲取营养,从不同角度拓展思想政治教育原则。

3.1.1.1 道德教育与内心自省相统一的原则

孔子的思想道德体系建立在内心自省的基础上并影响后世。"见贤思齐焉,见不贤而内自省也。""吾日三省吾身:为人谋而不忠乎? 与朋友交而不信乎? 传不习乎?"一个人良好品德的形成,首先应该通过内心自省,达到对一种思想道德的认同,进而由道德认知再转化为道德实践。道德教育与内心自省相统一的原则对于我们进行思想政治教育具有较大的借鉴意义。

3.1.1.2 道德教育与知识教育相统一的原则

中国古代教育家强调德育为首,同时也重视知识教育的作用。孔子曾说:"君子务本,本立而道生。""行有余力,则以学文。""未知,焉得仁?"董仲舒说:"仁而不智,则爱而不别也;智而不仁,则知而不为也。"强调道德教育和知识教育二者之间的相互渗透和相互促进。开展思想政治教育,也要在传递思想政治教育理论知识的基础上对学生动之以情,晓之以理,导之以行,潜移默化地教育和感染学生。

3.1.1.3 道德认知与道德行为相统一的原则

道德教育不仅要使教育对象知道什么行为是道德的,合乎社会主流道德价值体系的,更要让学生的行为是道德的。中国古人特别重视知行合一,将认知付诸实践,保持认知与实践相一致。一个人仅懂得应当怎样为人处世还远远不够,更要身体力行,用自己的实际行动来证明。目前,思想政治教育工作不仅要让学生对社会伦理道德有基本的认识,更要让他们做遵守社会道德规范的人,使其道德认知与道德行为相互统一。

▶ 3.1.2　为当代大学生思想政治教育提供丰富资源

中国传统文化中含有丰富的思想政治教育内容,能够为当代大学生思想政治教育提供重要且宝贵的教学资源。

3.1.2.1　先秦时期的优秀思想政治资源

殷商时期,我国的奴隶主阶级为了巩固自己的统治,开始以理论的形式研究道德现象。周公创立的以"孝"为核心的宗法政治伦理思想体系,对我国之后"孝"道文化的发展起到奠基作用。周公所创立的"孝"文化的核心是"父慈、子孝、兄友、弟恭",以此为基础还提出了"修德配命""敬德保民"的德政要求。

春秋战国是我国历史上较为动荡的一个历史时期,正是这种动荡孕育了伟大的社会变革,促成了我国文化、科技以及哲学思想的"大繁荣""百家争鸣"的文化盛况,在其后的历史中再也没有出现过。这个时期出现的儒、道、墨、法四大思想,有着深刻的思想价值。如先秦儒家以仁为核心,主张德治;墨家思想是兼爱与非攻;道家主张效法自然,强调避世;法家提倡以法治国等。

先秦时期的思想特别是儒家学派的道德思想是后来道德学家伦理思想的出发点和前提条件,建立在此基础之上的儒家伦理思想后来发展成为在封建社会统治阶级中占据主导地位的道德学说。

3.1.2.2　秦汉时期的优秀思想政治资源

秦汉时期,我国传统道德思想领域"百家争鸣"局面结束,儒家思想赢得了统治者的青睐,成了地位最高、影响最大的思想学说。

秦王朝建立以后,统治者吸取了法家"专任刑法"的法治思想,以严刑峻法维护统治,巩固政权,结果被农民起义推翻,统一局面仅仅维持了很短时间。

汉王朝认识到严刑峻法不是巩固统治的良药,而将道德、教化作为统治民众、稳定社会的基础,因此儒家思想开始逐渐进入统治者的视野,并成了封建社会的统治思想。西汉初期,出于恢复民力、修养生息的目的,统治者推崇"无为而治"的道家学说。在社会状况好转之后,汉武帝采纳董仲舒提出的"罢黜百家,独尊儒术"的建议,正式将儒家思想确立为统治思想,特别是以仁义道德为核心的伦理思想成了封建统治的正统。儒家伦理思想独尊地位的确立,适应了时代的发展,也符合统治者的统治意愿,因为儒家思想为大一统统治提供了足够的道义上的支持,这也是历代统治者都尊崇儒家思想的根本原因。

董仲舒的儒家思想并不是单纯的儒家思想,而是以先秦时期孔孟的主要思想和理论为基础,并吸收道家、法家、阴阳五行学说以及神学思想形成的一种带有目的的思想理论。董仲舒曾说:"王者欲有所为,宜求其端于天。天道之大者在阴阳。阳为德,阴为刑;刑主杀而德主生……以此见天之任德不任刑也。"在这里,董仲舒用"天道"推演"人道",把仁政德治作为王道政治的根本原则。儒家思想将帝王作为上天神圣统治的代言人,"合理合法"地确认了封建君主的统治地位。此外,董仲舒还提出"三纲五常"思想,这也成为自汉朝以来我国道德教育的中心内容,他的"重义轻利""以仁安人,以义正我"和"必仁且智"等道德教育心理学思想成为个体道德修养的基本原则和方法。

两汉时期的统治者以及后来历代的统治者,正是看到了儒家思想对维护封建统治的教化作用,才极力推崇儒家思想。在封建时代,上至君王百官,下至普通百姓,都要自觉学习和实践儒家的道德思想。通过对"天道"和"人道"关系的理解,来遵循纲常的道德体系,以达到"张其纲纪,谨其教化"的治国目的。儒家伦理思想作为封建统治阶级正统道德理论,在社会生活中发挥其独尊的作用。

3.1.2.3　魏晋隋唐时期的优秀思想政治资源

魏晋南北朝时期社会局势比较混乱,只有更好地控制人们的思想才能保证统治的稳定性。出于这一考虑,统治者开始利用宗教文化来稳定臣民、发动战争,为统治阶级放荡不羁、荒淫无度的腐朽生活方式作辩护。随着当时社会的经济转移、民族融合、文化交流和教育变革,适合封建门阀士族统治需要的"玄学"思想开始出现,他们以"三玄",即《老子》《庄子》《周易》为主要研究对象,在伦理道德方面主要是论证"名教"与"自然"的统一。

魏晋玄学的盛行、传播依赖于当时的佛教,玄学与佛教有着密切的关系。佛教宣扬因果报应,转世轮回,主张"出世",超脱现实,提倡修行成佛,今世的苦难是为下一世的福荫。大乘空宗的佛学思想与道家玄学思想类似,因此,许多佛教徒借助玄学传播佛教。同时,门阀士族为了巩固其统治和愚化百姓,大力推崇佛教,因此这一时期佛教得到了迅速发展,成了一股重要的宗教力量。

这一时期也出现了以范缜为代表的无神论者,他们从形神关系入手对佛学思想的理论基础"神不灭论"进行了批判。而且由于佛教与儒家伦理道德的格格不入,也引发了佛教与儒家礼教纲常的矛盾,产生了儒家的世俗道德与佛教的宗教道德之间的斗争。为此,佛教力争调和儒佛的关系,强调佛教教义、佛教的人生哲学与儒家伦理道德的一致性和互补性。总之,魏晋时期随着玄学的盛行、佛教的传播,在伦理思想上出现了儒、道、佛三家既相互斗争又彼此吸收的复杂格局。这种状况也直接影响了隋唐时期的伦理思想。

总之,魏晋至隋唐时期的伦理道德思想的突出特点是儒、佛、道三家在相互斗争的过程中相互吸收,趋向合流。

3.1.2.4 宋及明初时期的优秀思想政治资源

宋及明初时期,"存天理、灭人欲"的道德理性占据着主导地位。从宋朝开始,我国封建社会进入了后期发展阶段,社会矛盾较为尖锐和复杂。统治者为了强化自己的统治,缓和各种社会矛盾,极力维护封建道德纲常,原有的思想已经很难维护矛盾丛生的封建统治,因此理学伦理思想应运而生。

从基本立场来说,理学使儒家伦理思想获得了完备的理论形态,并以新的形式重新取得了"独尊"地位。理学以继承儒家传统为出发点,同时又吸收佛、道思想,在道德的本原、人性论、理欲观、理想人格的培养等方面,集儒、佛、道于一体,以"理"为最高范畴,以"存天理、灭人欲"为基本纲领,形成了更系统、更精致的封建伦理思想体系,也使儒家伦理思想的发展达到了新高度。"存天理、灭人欲"是理学各派别的共同思想纲领,其目的是以禁欲主义的思想强化封建礼教,反对农民阶级的"均贫富"要求,维护封建纲常伦理制度。"存理灭欲"是理学伦理思想所推崇的理想人格标准,朱熹认为要通过"居敬穷理"的学者工夫,使用"学、问、思、辨""知先行后"的方法,达到格物致知。朱熹明确指出:"知行常相须,如目无足不行,足无目不见。论先后,知为先;论轻重,行为重。"显然,从道德发展的顺序上,朱熹是认为"知先于行"的,他根据这个特点提出了道德修养的基本顺序,即"博学、审问、慎思、明辨、笃行",进而又提出了"博约相济、积累渐进、日用切己、温故知新"的道德修养原则,形成了儒家道德理学观思辨的理论体系。理学伦理思想中关于知行、"格物致知"的争辩,把传统道德修养理论推向一个新的发展阶段。

明代初年,程朱理学的统治地位已经得以确立,这是因为理学对于维护封建统治的作用要远远大于传统的儒学。在这个时期,明代的理学家薛瑄进一步发展了朱熹的理学思想,提出了"实得而力践之"和"下学人事,上达天理"的道德修养原则,进一步强调了道德实践的作用。另一位理学家吴与弼则把朱熹的理学思想与陆九渊的心学思想相结合,把从先秦时期到宋代的儒家学说都归结为"存天理、灭人欲"的圣贤之学,主张要"学为圣贤"。其主要方法是"学圣人无他法,求诸己而已"。因此,他认为:"欲到大贤地,须循下学工。文章深讲贯,道德细磨砻。"显然,这种"静观涵养"和"洗心""磨心"的道德修养方式,是理学和心学的一种独特结合。

3.1.2.5 明末及清初时期优秀思想政治资源

明末清初,社会和阶级矛盾日益突出,中国封建社会的发展开始步入晚期,并逐渐走向衰败。明朝时期,我国开始有了资本主义的萌芽,然而却受到了封建专制主义的压制。封建统治者的高压政策、横征暴敛,阶级矛盾的空前尖锐,最终导致了李自成和张献忠领导的农民起义;满族的入侵,使民族矛盾日趋严重。以程朱理学为代表的封建伦理思想,虽然仍处于正宗地位,但其专横、腐朽的思想统治,不仅禁锢了人们的思想,更为严重的是阻碍了社会的发展,给整个民族带来祸害。在这种特定的历史条件下,一批进步的思想家如李贽、黄宗羲、王夫之、顾炎武、颜元等人,对以程朱理学为代表的儒家学说进行了一定程度的批判,对统治中国千百年的儒学经典的统治地位形成了强烈的思想冲击。在道德伦理问题上,他们把道德与功利、天理与人欲统一起来。虽然他们的观点各异,批判侧重点也有所不同,但是他们都将以程朱理学为代表的封建伦理思想作为批判对象,带有反封建的启蒙意义。这些观点对近代乃至当代道德教育都产生了重要影响。

▶ 3.1.3　为当代大学生思想政治教育树立价值导向

在社会主义市场经济体制下,面对世界经济全球化、一体化浪潮,面对西方工业文明进步带来的种种冲击,教育对象的思想意识、价值观、思维方式等日趋多元化和复杂化,给思想政治教育提出了新的课题,也给传统文化反思提供了一个平台。文化在当代大学生思想政治教育中处于何种位置? 借鉴意义何在? 这些问题都是值得反思的。

3.1.3.1　传统文化重视个人道德修养

我们的传统文化将"修身"与"治国、平天下"联系在一起。传统文化经典著作《大学》有言:"古之欲明明德于天下者,先治其国;欲治其国者,先齐其家;欲齐其家者,先修其身;欲修其身者,先正其心;欲正其心者,先诚其意;欲诚其意者,先致其知;致知在格物。物格而后知至,知至而后意诚,意诚而后心正,心正而后身修,身修而后家齐,家齐而后国治,国治而后天下平。"修身是为人、为事的根本,修身不成则一事无成。部分大学生常不注意自身修养,如在公共场合大声说话,在宿舍不打扫卫生等,给别人造成了很大困扰。大学生若能够正己正人、成己成物,会为他们今后的发展提供更多的机会,前途将更加光明。

3.1.3.2　传统文化推崇推己及人,正己正人,成己成物

传统哲学重视调解人际关系,推崇以诚待人,孜孜追求人与人的和谐,人与自然的和谐,对于营造安定的局面有积极作用。所谓"推己及人,正己正人,成己成物"都是推崇"忠恕之道",正如"己所不欲,勿施于人",是由自己想到别人,自己不愿做的事不要强加于别人。大学生时有缺乏为他人着想的现象,如大家同在一个寝室,有时却不和睦相处,为一些琐事斤斤计较,若懂得了正己正人的道理,同学之间的一些矛盾或将大大缓解。

3.1.3.3　传统文化重视刚毅自强,抱负远大,持之以恒

《周易·乾卦》说:"天行健,君子以自强不息。"当前,世界经济政治格局发展变化快,在国内需要进一步探索改革的思路,在国外需要争取更加有利的条件与发展环境。大学生作为将来国家建设的中坚力量,就需要具有刚毅自强的品格和持之

以恒的精神。孔子的学生曾参说过："士不可以不弘毅,任重而道远。仁以为己任,不亦重乎? 死而后已,不亦远乎?"这种思想有助于大学生形成担当责任、不屈不挠、自强不息的精神。

3.1.3.4 传统文化鼓励好学笃行,豁达乐观,鄙视奢侈享乐的生活态度

孔子曾称赞自己的学生颜回:"贤哉,回也! 一箪食,一瓢饮,在陋巷,人不堪其忧,回也不改其乐。贤哉,回也!"大学生若能降低对物质生活的要求,鄙视享乐奢靡的生活态度以及具备豁达乐观、好学上进的学习态度,就能更加正确地设计自己的未来蓝图,不会盲目冲向利益集中的行业。

3.1.3.5 传统文化不排斥对物质财富的追求,但强调以合乎道德为前提,提倡诚信敬业

传统文化中,最高的社会理想是人人过上安居乐业的富足生活,但正如孔子言:"不义而富且贵,于我如浮云",可见如果不合道义得到财富,是有违传统文化宗旨的。大学生若能在取利的时候,讲求诚信,懂得"诚者天之道也,思诚者人之道也",不但能够通过正当的途径实现理想,还会推动社会健康发展。高校作为培养人才的摇篮,不仅要提高大学生的文化素质、业务素质,还必须培养大学生良好的心理素质,因为健康的心理是大学生接受思想政治教育和科学文化知识教育的重要前提。

3.2 中国传统文化与当代大学生思想政治教育融合的必要性

▲

当前,中国的文化呈现出大发展、大繁荣的景象,社会主义主流文化、我国的传统文化、西方的外来文化、社会转型期的新生文化等各种文化相互激荡,这样的多元文化为当代大学生的政治认同提供了更为丰富的思想资源,同时也削弱了大学生对中国传统文化的认同感,使部分大学生难免产生一些错误的价值观念。因此,

加强中国传统文化与大学生思想政治教育的融合,显得尤为紧迫且必要。

▶ 3.2.1 提高当代大学生思想修养的需要

3.2.1.1 激发当代大学生的爱国热情

爱国精神是中国传统文化的重要部分,从古代到现在,中华儿女一直崇尚并且追求爱国精神。党的十八大也再次强调了爱国精神的重要性,高校要着重培养当代大学生的爱国情怀。而中国优秀传统文化中的爱国精神为我们培养大学生的爱国情怀提供了教学内容。从古至今,无数爱国之士为了民族的振兴鞠躬尽瘁,这都是爱国主义精神的体现。范仲淹的"先天下之忧而忧,后天下之乐而乐",文天祥的"人生自古谁无死,留取丹心照汗青",林则徐的"苟利国家生死以,岂因祸福避趋之",顾炎武的"天下兴亡,匹夫有责",等等。这些仁人志士的爱国情怀就表现在他们始终将国家利益置于首位,强调为社会尽责,为天下人尽忠。我们民族的品质与风貌就是由这种爱国主义情怀所塑造的。中国传统文化中的爱国主义精神培育出了许许多多值得我们学习的爱国人士,如远去西洋的郑和、为国英勇舍己的戚继光、虎门销烟而勇赴国难的林则徐、变法献身的谭嗣同等。将中国优秀传统文化的精髓运用到高校在校生思想政治教育中能够激发大学生的爱国情怀。

3.2.1.2 帮助当代大学生培养民族自信心

一个民族只有其成员具有民族自信心才能成为一个有希望的民族,并且坚定地屹立在世界民族之林。人民建立起了民族自信就会自觉地信赖、崇尚自己的文化。当自己民族的文化面临威胁时,人民会不约而同地自觉捍卫自己民族的文化。国学大师张岱年先生曾指出:"必须正确理解民族文化中的优秀传统文化,这样才能具有民族自尊心、民族自信心。"也就是说,充分学习理解中国优秀传统文化,可以帮助大学生培养民族自信心。我国拥有五千多年的悠久历史,多民族文化在中华大地汇聚融合,出现了百家争鸣现象,其思想不断传承,祖先用智慧为我们留下了许多物质及非物质遗产。从战国时期李冰父子修建的都江堰到保存至今的万里长城,从世界数学名著《九章算术》到"四大发明",这些都是中华民族对人类做出的巨大贡献。由此可见,高校引导大学生学习中国优秀传统文化,能让大学生对我国文化产生敬佩之情,从而培养大学生的民族自信心。

3.2.1.3　帮助当代大学生树立正确的人生观

大学阶段是人一生中思想最活跃、思维最敏捷、求知欲最强、最容易接受各种新事物的阶段,因而也是一个人的人生观、世界观与价值观的形成期。习近平总书记曾多次在不同场合强调中国传统文化的重要作用。2013 年 3 月 7 日,在中央党校建校 80 周年庆祝大会暨 2013 年春季学期开学典礼上的讲话中,他指出:"中国传统文化博大精深,学习和掌握其中的各种思想精华,对树立正确的世界观、人生观、价值观很有益处。学史可以看成败、鉴得失、知兴替;学诗可以情飞扬、志高昂、人灵秀;学伦理可以知廉耻、懂荣辱、辨是非。"这说明中国传统文化的学习可以帮助大学生树立正确的人生观。

在全球化的今天,大学生会接触到不同地方的思想,其中的不良思想与诱惑对其影响很大。我们更应该将中国优秀传统文化融入大学生思想政治教育中,让大学生的思想向正确的方向发展。

3.2.1.4　有助于当代大学生人格魅力的塑造

中国优秀传统文化拥有丰富的人文知识,其中的人文精神是一种普遍的人类自我关怀,表现为对人的尊严、价值、命运的维护、追求和关切,对人类遗留下来的各种精神文化现象的高度珍视,对一种全面发展的理想人格的肯定和塑造;而人文学科是集中表现人文精神的知识教育体系,它关注的是人类价值和精神表现。中国传统文化中有许多内容都是教育我们如何做人,如何提升自我。中国优秀传统文化所推崇的理想人格是积极上进、重义轻利、修身治国、韬光养晦、刚正不阿。这都能帮助大学生加强修养,塑造人格,完善自我,陶冶大学生的情操,同时还能帮助其领悟人生真谛。因此,将中国优秀传统文化运用到大学生思想政治教育中有助于大学生修身养性,提升内在人格魅力。

▶ 3.2.2　学校思想政治教育的需要

中国传统思想文化是通过几千年积淀而保存下来的历史精华,已经深深植根于我们炎黄子孙的心底,成为一种中华民族的象征和"遗传基因"。

创新教育内容,注重当代大学生品格道德的完善。在中国传统文化中,伦理道德占的比重最大。而讲是非、辨善恶,更是核心之一。凡是优秀的传统文化都较重视人的行为的自我规范。这种重视人的道德价值观念的特征,对现代教育仍具有极其重要的现实意义。中国古代的教育思想广博而深邃,有很强的哲理性,如以德治国、修身为本的重德精神,各族一家、协和各邦的宽容精神,"老有所终,壮有所用,幼有所长,鳏寡孤独废疾者皆有所养"的人道主义精神。正确地继承和发展这些优秀的道德传统将对大学生的思想、意识、行为模式产生积极的影响。学校的思想政治教育要创新、要发展就必须将马克思主义理论和中国传统思想文化相结合,将二者融会贯通,形成互补,才能更好地解决新时期学生的思想政治教育问题,才能有助于学生完整人格的塑造和培养。

▶ 3.2.3 增强民族凝聚力的需要

随着经济全球化进一步加剧,西方发达国家对我们的思想进行西化的趋势越来越严重,在这种潮流的影响下,当代大学生的精神境界、精神生活和道德观念发生了新的变化。在这种情形下,我们一定要守住思想阵地,利用中国传统思想文化引导学生、教化学生,激起他们深厚的民族情感和爱国热情。

集体主义精神是中华民族一种强大的凝聚力,是中国自古以来爱国主义思想的基石。范仲淹的"先天下之忧而忧,后天下之乐而乐",顾炎武的"天下兴亡,匹夫有责",无不体现了中国人爱国、忧国、以天下为己任的伟大精神和对国家、民族、社会强烈的责任感、使命感。在新形势下,思想政治教育对这一优秀传统要进行认真研究,在大学生的教育中灵活运用,培养大学生的爱国主义精神、集体主义精神,帮助大学生树立终身报效祖国的理想。因此在经济全球化的今天,一定要继承和弘扬中国优秀传统文化,以增强民族凝聚力。

3.3　中国传统文化与当代大学生思想政治教育融合的可行性

▶ 3.3.1　目标的一致性

中国传统文化帮助形成个人与家族、社会、国家的良好组织关系,强调"修身齐家治国平天下",培养"格物致知,诚意正心"之人,即"以文化人"。思想政治教育作为一项有意识、有目的、有计划地教育人、培养人、促进人的自由全面发展的实践活动,实现人的全面发展是其最本质的意义。思想政治教育的根本任务是要启发人的自觉性,调动人的积极性,激发人的创造性。中国传统文化和思想政治教育的指向都是人,核心都是提升人的思想道德素质,因此具有目标的一致性。

▶ 3.3.2　功能的互补性

传统的思想政治教育更偏重于说教和灌输,主要还是在于它的德育功能特别是意识形态功能。思想政治教育本身还含有人文内容,但是长期以来过分强调其意识形态性,使得其人文精神受到遮蔽。中国传统文化注重人的精神追求,强调道德内化,在人理解自然、社会、思维方面具有一种清晰的逻辑架构,这种架构具有逻辑层次上的说服力,体现了思维的深刻性。一旦将这种逻辑架构运用于课堂,易于引起教育对象的共鸣,其效果明显不同于纯粹的思想政治教育说教。

▶ 3.3.3　思想的亲缘性

高校思想政治教育是以爱国主义为重点,弘扬和培育民族精神,从而培育当代大学生对个人身份的认同感,对国家和民族的认同感的教育过程,这种教育需要大家有共同的根。而中国传统文化孕育了中华民族最根本的精神基因,大学生对传统文化的尊重和认同是大学生形成民族共识的基础。在思想政治教育过程中融入传统文化,能够提升大学生对思想政治教育的关注程度,能够在润物细无声的状态下完成文化认同、政治认同、国家认同的教育任务。

▶ 3.3.4 内容的相通性

中国传统文化与当代大学生思想政治教育在爱国主义教育,自尊自爱、自强不息、艰苦奋斗教育,人际交往教育,诚信教育等方面有着相通之处。

3.3.4.1 爱国主义教育

爱国主义是中国传统文化的核心内容,"以天下为己任""先天下之忧而忧,后天下之乐而乐""天下兴亡、匹夫有责"都是在强调民族至上、国家为本的爱国主义精神和社会责任意识;爱国主义是中华民族凝聚力和向心力的源泉,同时以爱国主义为核心的民族精神是社会主义核心价值体系的重要组成部分,也是大学生思想政治教育的重要内容,这种爱国主义情操对纠正部分大学生身上存在的集体意识缺乏与民族意识淡薄、个人主义严重等不良思想倾向具有重要意义。

3.3.4.2 自尊自爱、自强不息、艰苦奋斗教育

中国传统文化主张通过"自省""修身"的方式来提升自我的素养,讲求"格物、致知、诚意、正心、修身、齐家、治国、平天下","天行健,君子以自强不息","天将降大任于斯人也,必先苦其心志,劳其筋骨,饿其体肤,空乏其身,行拂乱其所为,动心忍性,曾益其所不能"。自尊自爱、自强不息、艰苦奋斗是时代对大学生的现实要求。当代大学生生活在和平年代,社会稳定,经济繁荣,从小就条件优越,很少经历生活磨砺,因此学校更有必要将这种自尊、自爱、自强的道德要求融入大学生思想政治教育之中,促进大学生自我教育,使他们尽早树立吃苦意识、创业意识,摆脱依赖,培养他们高尚的道德情操和自强不息的奋斗精神。

3.3.4.3 人际交往教育

"仁爱"是中华民族传统美德中极为重要的内容之一,其中包含着处理人际关系的思想内容与方法技巧,如:做人应多替别人考虑,做事应多宽容他人,应孝敬父

母、尊敬长辈,等等。提倡"孝悌""仁者爱人""己所不欲,勿施于人""责人之心责己,恕己之心恕人"的高尚品质。当代大学生中独生子女较多,自我意识较重,同时受不良思潮的影响,部分大学生在日常生活中表现得自私自利,甚至为了个人利益不惜牺牲他人和集体的利益。因此,和谐的人际交往教育也是大学生思想政治教育的重要内容,我们需要在日常的思想政治教育过程中,教育大学生在与人交往的过程中要尊敬师长,谦和守礼,真诚、平等待人,从而形成和谐的人际交往关系。

3.3.4.4　诚信教育

中华民族自古就有以诚为本、以信为先的优良传统,所谓"民无信不立","人而无信,不知其可也","凡出言,信为先,诈与妄,奚可焉"。由于当前大学生缺少生活阅历,还没有了解诚信对人生存和发展的重要性,部分大学生存在着考试作弊、撒谎逃课、简历作假等诚信危机。因此,诚信教育亦是大学生思想政治教育的重要内容,要将其渗透到教育培养的全过程,逐步提高大学生的诚信意识。

第4章

儒家文化与当代大学生思想政治教育的融合

4.1　儒家文化的发展与思想

▲

▶ 4.1.1　儒家文化的发展

儒家是先秦时期中国古代最有影响力的学术流派之一。汉代以后,儒家文化成为中国的主导文化,影响并统治中国的政治形态和社会意识达两千多年之久。儒家文化的发展演变如下。

4.1.1.1　创立时期

孔子是儒家学派的创始人。他提出"仁"与"礼"的学说,核心是"仁"。孔子在政治上强调统治者要实行仁政,希望恢复西周的礼乐制度,主张"以德治国"。孔子创立的儒家学说在总结、概括和继承夏、商、周三代尊尊亲亲传统文化的基础上形成了一个完整的思想体系。但是,春秋战国时期,社会分裂割据,缺乏稳定的政治环境,而且当时各诸侯国热衷于兼并战争和改革古制,以图自强。因此,孔子恢复周礼和仁政爱民的主张不符合当时统治者的需要。所以,儒家思想在春秋战国时期不受重视,遭受冷落。

4.1.1.2　发展时期

战国时期,孟子和荀子是儒家学派的两位重要代表人物。孟子主张实行"仁政",进一步提出"民贵君轻"的民本思想。在伦理观上,孟子主张"性本善",实行仁政来扩充人的善性。荀子提出"制天命而用之"的重要思想和"君舟民水"的学说。孟子和荀子继承和发展了儒家学说。孔子思想的目的是维护奴隶主的贵族统治;孟子和荀子思想的目的是缓和阶级矛盾,维护新兴地主阶级统治。

4.1.1.3　遭压制时期

随着秦朝专制主义政治体制的建立,文化也成为政治权力的附庸,文化氛围由生动活跃转为死气沉沉。为了加强专制中央集权,秦始皇采用了法家思想,在思想文化领域进行"焚书坑儒",这是对先秦思想文化的粗暴否定,是中国文化史上的一场浩劫。儒家宣扬的仁政思想不适应中央集权和国家大一统的需要,因此秦始皇实行文化专制,排斥、打击儒家思想。儒学的发展因此进入低潮。

4.1.1.4 独尊时期

西汉汉武帝时期是中国古代具有重要意义的一个历史时期。在这一时期,著名儒学大师董仲舒建议皇帝倡导儒学,实践德政,推行教化,主张文化体制改革。他的文化体制改革的核心是要确定儒学独尊的地位。他提出了"春秋大一统""罢黜百家,独尊儒术""天人感应"与"君权神授"的儒学新思想。新儒学以儒学为基础,阴阳五行为框架,兼采诸子百家之长,具有神学色彩,给统治者披上了神圣的外衣,把儒家思想神学化了,但是又继承和发展了先秦儒家思想,因此受到了封建统治者的重视,迅速成为封建社会的正统思想,处于独尊的地位,汉代儒学也就在这样的新的历史条件下得以兴起。

4.1.1.5 陷入困境时期

汉代末年,儒学的权威性被严重削弱。魏晋时期新思潮流行,道教的兴起,尤其是佛教的传播,直接冲击着儒家思想作为核心价值观念的地位。隋唐时期,儒学家提出"三教合归儒"的主张,又称"三教合一",主张以儒学为主,调和并吸收佛教、道教的理论。唐末五代之后,已沦为笺注之学的官方儒学不断受到质疑,其统治地位被进一步削弱。

4.1.1.6 新发展时期

唐代中后期,韩愈和李翱的思想成为北宋儒学复兴和理学创立的先声。在相对宽松的文化政策的鼓励下,儒学家展开了复兴儒学、抨击佛道的活动;同时,他们冲破汉唐儒学的束缚,融合了佛道思想来解释儒家义理,形成了以理为核心的新儒学体系——"理学"。理学在宋朝形成,代表人物是北宋的二程,南宋的朱熹,朱熹是理学的集大成者。理学的突出发展表现为陆王心学的出现,标志着重建儒家信仰的理论任务已经完成。南宋的陆九渊是心学的开创者,提出了"心即理也"的核心命题,主张反省内心就可得到天理。明代建立了系统的心学理论,王阳明是心学的集大成者。他认为"心外无物,心外无事,心外无理",学以至圣的修养关键在于

"致良知",强调"知行合一"。明代中期以后,陆王心学得到广泛传播,它们都属于宋明理学范畴,都把理学发展到一个新阶段。宋朝的程朱理学在产生初期不为统治者重视,但是它提出了一系列重要的道德规范和修养方法,有利于封建统治者巩固其统治地位,因此从南宋以后其成为长期居于统治地位的官方哲学。

4.1.1.7　继承、批判时期

明清之际,商品经济发展,君主专制强化,此时出现反专制蒙昧、倡经世致用的早期启蒙思潮。(1)李贽批判挑战正统思想以及儒家思想的正统地位,批判道学家的虚伪,抨击封建社会的一些传统观念,强调个性发展。(2)黄宗羲从批判封建君主专制制度的角度,批判理学视君臣之义为天理的伦常观。(3)顾炎武提倡"经世致用",批判理学的空谈。(4)王夫之通过论述气和理的关系批判理学的唯心论,提倡运动绝对、静止相对的辩证关系,批判理学主静的形而上学的思想。明清之际,思想家思想主张表面上看似乎是对儒家学说的全面否定,但实际上他们的这些观点是对传统儒学中消极思想的否定,在对这些方面否定的过程中,使儒家思想增加了适应时代要求的新内容,因而其实质是对传统儒家思想的批判和发展,从而使传统的儒学重新焕发生机。

4.1.1.8　与近现代思想融合时期

维新变法期间(1898 年 6 月—1898 年 9 月),康有为把西方资本主义的政治学说同传统的儒家思想相结合,宣传维新变法的道理。他宣称孔子是托古改制、主张变革的先师,其目的是利用孔子的权威来论证资产阶级维新变法理论的合理性,为维新变法思想制造历史根据,减少变法的阻力。

辛亥革命期间(1911 年 10 月—1912 年 2 月),西方资本主义思想传入,资产阶级民主革命思想传播,辛亥革命建立起资产阶级共和国,民主共和的观念深入人心,儒家正统地位受到猛烈冲击。

4.1.1.9　遭受抨击时期

北洋军阀统治时期,在文化领域掀起了一股尊孔复古的逆流。以陈独秀为代表的激进资产阶级民主主义者提出"打倒孔家店"的口号,把斗争矛头指向以孔子为代表的儒家传统道德,宣扬资产阶级的新文化、新道德。新文化运动动摇了封建思想的统治地位,宣扬了民主与科学,解放了人们的思想。

4.1.1.10 理性对待时期

中华人民共和国成立后,马克思主义居主导地位,儒家思想被推翻。"文化大革命"中儒家思想再次遭到猛烈批判,成为无产阶级专政的对象之一。十一届三中全会后,对儒家思想进行实事求是的评价,儒家思想主要作为民族文化遗产被人们认识。取其精华,去其糟粕,与新文化建设结合,成为进行传统文化和道德教育的思想要素。

▶ 4.1.2 儒家的代表人物

儒学在中国甚至是世界上都有着举足轻重的地位,而儒家也出了不少圣人贤者,例如儒家五圣就是儒家主要代表人物。儒家五圣是指包括了儒家学派创始人孔子在内的,以及孟子、颜子、曾子、子思五人的合称。

4.1.2.1 孔子

孔子,字仲尼,春秋时期鲁国人,是我国古代伟大的思想家和教育家,儒家学派创始人,世界著名的文化名人之一,编撰了我国第一部编年体史书《春秋》。孔子集华夏上古文化之大成,在世时已被誉为"天纵之圣""天之木铎",是当时社会上的最博学者之一,被后世统治者尊为孔圣人、至圣、至圣先师、万世师表,被联合国教科文组织评选为"世界十大文化名人"之首。

4.1.2.2 孟子

孟子,名轲,字子舆,是我国古代著名思想家、教育家,战国时期儒家代表人物。孟子及其门人著有《孟子》一书。孟子继承并发扬了孔子的思想,成为仅次于孔子的一代儒家宗师,对后世中国文化的影响全面而巨大,有"亚圣"之称。孟子在政治上主张法先王、行仁政,在学说上推崇孔子,反对杨朱、墨翟。孔子与孟子并称"孔孟",他们的思想并称孔孟之道。

4.1.2.3 颜子

颜子,即颜回,字子渊,春秋时期鲁国人。他十四岁即拜孔子为师,此后终生师事之。在孔门诸弟子中,孔子对他称赞最多,不仅赞其"好学",而且还以"仁人"相称。自汉高祖言颜回配享孔子、祀以太牢,三国魏正始年间将此举定为制度以来,历代统治者封赠有加,无不尊奉颜子。唐太宗尊之为"先师",唐玄宗尊之为"兖公",宋真宗加封之为"兖国公",元文宗尊之为"兖国复圣公",明嘉靖九年改称其为"复圣"。山东曲阜还有"复圣庙"。

4.1.2.4　曾子

曾子,姓曾,名参,字子舆,春秋末年鲁国人。他十六岁拜孔子为师,勤奋好学,颇得孔子真传。他积极推行儒家主张,传播儒家思想。上承孔子之道,下启思孟学派,对孔子的儒家学派思想既有继承,又有发展和建树。他的修齐治平的政治观,省身、慎独的修养观,以孝为本、孝道为先的孝道观影响中国两千多年,至今仍具有宝贵的社会意义和实用价值,是当今建立和谐社会的丰富思想道德营养。曾参是孔子思想的主要继承者和传播者,在儒家文化中具有承上启下的重要地位。曾参以他的建树,终于走进"大儒殿堂",被后世尊为"宗圣";曾参在孔门弟子中地位原本不太高,不入"孔门十哲"之列,直到颜渊配享孔子后才升为"十哲"之一。唐玄宗时追封为"伯"。中唐以后,随着孟子地位的上升,曾参的地位也有所提高。北宋徽宗时加封为"武城侯",南宋度宗时加封为"国公",元至顺元年加封为"宗圣公",到明世宗时改称"宗圣",地位仅次于"复圣"颜渊。

4.1.2.5　子思

子思,名孔伋,字子思,孔子嫡孙,春秋战国时期著名的思想家,受教于孔子的高足曾参。孔子的思想学说由曾参传子思,子思的门人再传孟子,因而子思上承曾参,下启孟子,在孔孟"道统"的传承中有重要地位,并由此对宋代理学产生了重要的影响。因此,北宋徽宗年间,子思被追封为"沂水侯";元至顺元年,又被追封为"述圣公",后人由此而尊他为"述圣"。

▶ 4.1.3　儒家的价值取向

儒家认为"仁义"往往表示最高的道德境界、基本的道德原则,具有至高无上的价值。可以说"贵仁"代表了孔子的价值观,同时也是儒家价值观的主导方向。

4.1.3.1　仁义道德乃人之本性

儒家认为,人,作为真正的人,之所以区别于其他万物,就在于人有仁义之德。

孔子说:"天地之性(生)人为贵。""民治于仁也,甚于水火。"(《卫灵公》)孟子认为仁义是"心之所同然者",是人本身固有的,"仁也者,人也"(《尽心下》)。荀子说:"人有气、有生、有知,亦且有义,故最为天下贵也。"(《王制》)董仲舒、朱熹皆有诸多相似论述。他们认为,仁义道德也是人本身固有的一种心灵境界。"仁者静""仁者寿""仁者乐山""仁者无忧""仁者无敌"都充分体现了这种心灵意境和精神境界。因此,仁义道德乃人之本性。

4.1.3.2 仁义道德乃修身之本

儒家认为,仁义道德对人的认知、求知、审美都具有重要的意义。只有具备高尚道德情操的人,才能获取知识,增进才学。《论语·学而》记载,子禽问于子贡曰:"夫子至于是邦也,必闻其政。求之与,抑与之与?"子贡曰:"夫子温、良、恭、俭、让以得之。夫子之求之也,其诸异乎人之求之与!"说的就是孔子之所以获得了知识,是因为他具有高尚的道德情操。而知识的扎实巩固也要靠仁义道德才能够实现。这就是孔子所讲的"君子不重,则不威,学则不固"(《论语·学而》)。儒家还认为,仁义道德本身就是一门学问,即修德,即求学,好德则好学。仁义道德可以修身的另一方面则体现在,仁义道德可以陶冶人的精神境界,铸造人的理想人格。从孔子提出的"里仁为美"到孟子提出的"悦我心",到后来董仲舒提出的"仁之美者在于天,天,仁也"(《春秋繁露·王道通三》),再到朱熹所谓的君子之"极既定于内",则其形于外者"灿然",说的都是这层含义。

4.1.3.3 仁义道德乃治国之本

儒家历来重视仁义道德在治理国家、巩固政权、统治人民中的作用,并给予高度评价。他们认为治理国家首先要"尚贤",即选择、培养有仁义之德的统治者掌握政权并起到表率作用,所以"子欲善而民善矣"(《论语·颜渊》)。其次,提倡"为政以德",将仁义道德作为治理国家的一切原则的根本,"为政以德,譬如北辰,居其所而众星共之"(《论语·为政》)。孟子把用仁义道德治理国家称为"仁政""王道",主张"以德服人"。最后,儒家还主要用仁义道德来教化民众,"导之以德,齐之以礼,有耻且格"(《论语·为政》)。儒家提出的修身—齐家—治国—平天下的过程,就充分体现了这一观点。

▶ 4.1.4　儒家的主要思想

儒家思想可谓博大精深,这里就不全面介绍了。由于儒家学派创始人孔子的思想构成了儒家思想的核心,这里仅介绍孔子的主要思想。

4.1.4.1　仁者爱人——注重自身修养

孔子的"仁",应该具有伦理道德和政治思想两个层面的意思。

首先是伦理道德层面的"仁"。匡亚明先生在其《孔子评传》中指出:"孔子的仁包含哪几层意义?最通常的意思仍然是爱人……樊迟问仁。子曰:'爱人。'""仁的另一层意思是修身,是对道德准则的遵从……颜渊问仁。子曰:'克己复礼为仁。'""孔子说:'仁者人也'……孟子说:'仁也者人也'……这是仁的第三层意思,是作为孔子人本哲学核心概念的仁的含义。""在《国语》中仁凡二十四见,基本意义是爱人,《左传》中仁凡三十三见,除爱人之外,其他几种德行也被称作仁,然而这些材料中反映的有关仁的思想,都是零散的,无系统的,思想内涵也是比较肤浅的,孔子在形成自己的思想时,抓住当时在意识形态中已经出现的仁的观念,明确它,充实它,提高它,使它升华为具有人道主义博大精深的人本哲学"。

其次是政治思想层面的"仁"。孔子的生死观是以"仁"为最高原则的。生命对每个人来讲都是十分宝贵的,但还有比生命更可贵的,那就是"仁"。"杀身成仁",就是要人们在生死关头宁可舍弃自己的生命也要保全"仁"。自古以来,它激励着无数仁人志士为国家和民族的生死存亡而抛头颅洒热血,谱写了一首首可歌可泣的壮丽诗篇。《论语·卫灵公》载:"子曰:'民之于仁也,甚于水火。水火,吾见蹈而死者矣;未见蹈仁而死者也。'"这是对前人"仁所以保民也""不仁则民不至"的思想的升华,明确提出了用仁来治国理民,"仁"已被当成一种政治思想。所以,不能光从伦理道德的角度来看待"仁"。孔子的"仁"不仅涉及伦理道德,而且涉及政治思想,即他已将仁的伦理道德升华成了一种政治思想,从而创立了一种新的治国学说。

(1)政者,正也——执政者要以身作则。

孔子认为,在任何一个秩序良好的社会中,执政者与臣民的关系都是最基本的关系。而在二者当中,孔子又更注重执政者的作用,认为执政者的好坏决定了社会治理的好坏。因此,他对执政者的政治道德提出了很高的要求,就是"正",用今天的话来说,那就是"以身作则"。当季康子问政于孔子,孔子对曰:"政者,正也。子帅以正,孰敢不正。"无论为人还是为官,首在一个"正"字。孔子的政治思想中,对为官者要求十分严格,正人先正己。只要身居官职的人能够正己,那么手下的人和平民百姓,就都会归于正道。又说:"其身正,不令而行;其不正,虽令不从。"在孔子看来,执政者自身正了,能够以身作则,即使不发布政令,百姓也会自觉地去执行;如果执政者自身不正,即使发布命令,百姓也未必会服从。孔子认为:"苟正其身矣,于从政乎何有? 不能正其身,如正人何?"这就是说,执政者必须从端正自身开始,通过其人格魅力和道德感召力去治理民众(正人)。这样,才能造就一个良好的秩序社会。这就是古代所谓的"典范政治"的基本要求。执政者正,便可不令而行,风行雨施,及与下民。"君子之德风,小人之德草,草上之风必偃。"统治者只要想行善,百姓也会跟着行善。在位者的品德好比风,在下的人的品德好比草,风吹到草上,草就必定跟着倒伏了。

在这个基础之上,孔子进一步推论,认为政治过程是一个由修己到治人的连续过程。"修己以安人""修己以安百姓"。在孔子看来,修己为为政之本。安,就相当于今天的社会稳定。社会要稳定,不能靠压迫和欺诈,而是要在"修己"基础上建立社会的正义和规范——礼乐政刑等一整套东西。只不过在春秋后期周王室日益衰微,兼并战争日益加剧,各种社会矛盾日趋尖锐的复杂局面下,要想为政者正己,也只能是孔子个人的政治埋想了。

(2)克己复礼为仁——社会各阶层应当"克己"。

"克己复礼为仁。一日克己复礼,天下归仁焉。"这句话可以说是孔子仁政思想的纲要,同时涉及了礼和仁,而以"克己"作为复礼归仁的实践要求。孔子认为,人们必须克制自己的欲望,一切言行都照着周礼的要求去做,这就是仁。一旦这样做了,天下的一切就都归于仁了。实行仁德,完全在于自己。因此,不合于礼的不要看,不合于礼的不要听,不合于礼的不要说,不合于礼的不要做。孔子以礼来规定仁,依礼而行就是仁的根本要求。所以,礼以仁为基础,靠仁来维护。仁是内在的,礼是外在的,二者紧密结合。这里实际上包括两个方面的内容,一是克己,二是复礼。克己复礼就是通过人们的道德修养自觉地遵守礼的规定。这是孔子思想的核心内容,贯穿于《论语》的始终。

"仁"是人的内在品质,"克己"是要靠人对自身内在品质的自觉;"礼"是人的行为外在的礼仪规范,它的作用是调节人与人之间的关系。人们遵守礼仪规范必须是自觉的才有意义,才符合"仁"的要求,所以孔子说:"为仁由己,而由人乎?"对"仁"和"礼"的关系,孔子有非常明确的说法:"人而不仁如礼何? 人而不仁如乐何?""礼云礼云,玉帛乎哉! 乐云乐云,钟鼓乎哉!"孔子认为"克己"(求仁)是要靠自己的内在自觉性。有了"求仁"的内在自觉性,"我欲仁,斯仁至矣",并将其实践于日用伦常之中。

"克己"的另一种方式是"自戒"。孔子曰:"君子有三戒:少之时,血气未定,戒之在色;及其壮也,血气方刚,戒之在斗;及其老也,血气既衰,戒之在得。"可以说这是孔子人生经验的深刻总结。他认为,君子有三种事情应引以为戒:年少的时候,身体发育还不成熟,要戒除对女色的迷恋;等到青壮年时期,身心各方面都比较成熟了,血气方刚,要戒除与人争斗;等到老年,血气已经衰弱了,要戒除贪得无厌。所以,自戒便是自爱,自戒就不会走入人生的误区。"克己"还要自省、自责、自讼。子曰:"见贤思齐焉,见不贤而内自省也。"朱熹注:"思齐者,冀己亦有是善;内自省者,恐己亦有是恶。"前者是积极的向善,后者是消极的自防。曾子还更明确地说:"吾日三省吾身:为人谋而不忠乎? 与朋友交而不信乎? 传不习乎?"曾子注重内在修养,事事反求诸己。反省,是人的自我意识成熟的标志。仁是人的本性,因此为仁就要全靠自身的努力,不能依靠外界的力量。"我欲仁,斯仁至矣。"这种认识的基础,仍然是靠道德的自觉,要经过不懈的努力,最终可能达到仁。这里,孔子强调了人提高道德修养的主观能动性,有其重要意义。

(3)顺从父母,尊重兄长——孝悌是修身、齐家、治国的基本前提和基础。

孝指尊敬顺从父母,悌指尊重兄长,孝悌是中国古代处理家族内部两大关系的基本要求。子曰:"弟子入则孝,出则弟。""出则事公卿,入则事父兄。"由于当时的家族与行政关系密切,在家能孝悌者,在政治上必定能敬重君主、公卿,所以,"其为人也孝弟,而好犯上者,鲜矣。"因为孝悌与政治相通,因此当有人问孔子"子奚不为政"时,孔子回答道:"《书》云'孝乎惟孝,友于兄弟,施于有政。'是亦为政,奚其为政?"孔子在这里提出了两方面的思想主张:其一,国家政治以孝为本,孝父友兄的人才有资格担当国家的官职,这说明了孔子"德治"的思想主张。其二,孔子从事教育,不仅是教授学生问题,而且是通过对学生的教育,间接参与国家政治,这是他教育思想的实质,也是他为政的一种形式。

在孝悌中间,孔子更重视孝,认为这是"本":"孝弟也者,其为仁之本与!"朱熹注:"孝弟行于家,而后仁爱及于物,所谓亲亲而仁民也。故为仁以孝弟为本。"孝悌成为仁民爱物的根本。那么,如何做到孝呢?一是合礼。子曰:"生,事之以礼;死,葬之以礼,祭之以礼。"生前死后都能以礼待之,便是孝。二是真情实感。子曰:"今之孝者,是谓能养。至于犬马,皆能有养。不敬,何以别乎?"就是说,赡养父母要有敬重的感情,不然,与对待犬马就没有分别了。

(4)爱人是修己之学的根本——在社会生活中处理人际关系时要爱人。

当樊迟问仁时,孔子说:"爱人。"爱人是修己之学的根本。这里的"人"是一种泛称,是一个类概念,超越了阶级、种族的局限。孔子认为"爱人"的具体表现和方法就是"忠恕"。子曰:"参乎!吾道一以贯之。"曾子曰:"唯。"曾子出,门人问曰:"何谓也?"曾子曰:"夫子之道,忠恕而已矣。"所谓"忠恕",就是"己欲立而立人,己欲达而达人",即由己及人,人己同等对待。

对己,要求"克己";对人,要求"爱人"。二者统一于"仁",是修己之学的两个支点。在《论语·子路》篇中,针对樊迟问怎样才是仁,孔子回答:"居处恭,执事敬,与人忠。虽之夷狄,不可弃也。"也就是说,平常在家规规矩矩,办事严肃认真,待人忠心诚意。即使到了夷狄之地,也不可背弃。

(5)实施"仁"的途径——尊五美、屏四恶。

仁作为伦理道德,在春秋后期是一种理想的社会行为规范,孔子正是在这个基础上,进一步将其概括成了一种理想的政治规范。孔子的概括方式有二:一是把政治伦理化,同时把国家人格化。如《论语·阳货》篇载:"子张问'仁'于孔子。孔子曰:'能行五者于天下,为仁矣。''请问之。'曰:'恭、宽、信、敏、惠。恭则不侮,宽则得众,信则人任焉,敏则有功,惠则足以使人。'"这里的"天下"即今之国家,"仁",即仁政。孔子在用伦理道德的恭、宽、信、敏、惠等概念来说明仁政。二是把个人群体(国家)化,把伦理政治化。子张问于孔子曰:"何如,斯可以从政矣?"子曰:"尊五美,屏四恶,斯可以从政矣。"子张曰:"何谓五美?"子曰:"君子惠而不费,劳而不怨,欲而不贪,泰而不骄,威而不猛。"子张曰:"何谓惠而不费?"子曰:"因民之所利而利之,斯不亦惠而不费乎?择可劳而劳之,又谁怨?欲仁而得仁,又焉贪?君子无众寡,无小大,无敢慢,斯不亦泰而不骄乎?君子正其衣冠,尊其瞻视,俨然人望而畏之,斯不亦威而不猛乎?"子张曰:"何谓四恶?"子曰:"不教而杀谓之虐;不戒视成谓之暴;慢令致期谓之贼;犹之与人也,出纳之吝,谓之有司。"对于子张问政,孔子认为:尊重五种美德,排除四种恶政,这样就可以治理政事了。具体地说就是:君子要给百姓以恩惠而自己却无所耗费,使百姓劳作而不使他们怨恨,要追求仁德而不贪图财利,庄重而不傲慢,威严而不凶猛。这就是"五美"。而不经教化便加以杀戮叫作虐;不加告诫便要求成功叫作暴;不加监督而突然限期叫作贼;同样是给人财物,却出手吝啬,叫作小气。

这些是对君子从政的一种带有理想色彩的要求,是以"中和"为原则,融道德与政治为一体,混修己与治人为一团,是儒家修齐治平的先导,对我国士人政治思维影响深远而巨大。

4.1.4.2　为国以礼——以礼乐教化治国安邦

以"礼"为支柱的治人之学实际上就是孔子的政治思想。孔子继承了西周以来把礼作为治国之经纬的思想,认为礼是治国之本,形成了以礼乐教化治国安邦的总体思路。

(1)尊重周礼的基本原则,适当增损以益当世。

孔子十分崇尚"周礼",在《论语》中多次谈到自己对西周礼乐的向往。子曰:"周监乎二代,郁郁乎文哉,吾从周。"孔子认为,周朝的礼仪制度借鉴于夏、商二代,完备且丰富多彩,所以他要遵从周朝的制度。"周之德,其可谓至德也。""如有用我者,吾其为东周乎!""甚矣! 吾衰也,久矣,吾不复梦见周公。"孔子在《论语·季氏》篇中针对春秋时期礼崩乐坏的现实,十分痛心:"天下有道,则礼乐征伐自天子出;天下无道,则礼乐征伐自诸侯出。自诸侯出,盖十世希不失矣;自大夫出,五世希不失矣;陪臣执国命,三世希不失矣。天下有道,则政不在大夫。天下有道,则庶人不议。"他认为,天下有道的时候,制作礼乐和出兵打仗都由天子做主决定;而天下无道的时候,制作礼乐和出兵打仗由诸侯做主决定。由诸侯做主决定,大概经过十代很少有不垮台的;由大夫决定,经过五代很少有不垮台的;由家臣做主决定,超不过三代。天下有道,国家政权就不会落在大夫手中。天下有道,百姓也就不会议论国家政治了。

孔子面对当时礼崩乐坏的社会形势,一方面由于对夏、商、周的礼仪制度等有着深入的研究,所以他认为,历史是不能割断的,后一个王朝对前一个王朝必然有承继,有沿袭,要求遵从周礼,极力维护周礼的基本原则。另一方面,他对周礼也有许多不满之处,并在推崇周礼的前提下,对周礼进行了许多"损益",其目的是有益于当世。如"周礼"重视祭祀鬼神,而孔子在回答樊迟问知时则主张:"务民之义,敬鬼神而远之,可谓知矣。"子路问事鬼神的问题,孔子明确地告诉他:"未能事人,焉能事鬼?"孔子这里讲的"事人",特指事奉君父。在君父活着的时候,如果不能尽忠尽孝,君父死后也就谈不上孝敬鬼神,他希望人们能够忠君孝父,这就表明了孔子在鬼神、生死问题上的基本态度,他不信鬼神,也不把注意力放在来世,或死后的情形上,主张在君父生前要尽忠尽孝,至于对待鬼神就不必多提了。这也为"敬鬼神而远之"做了很好的注释。他的弟子认为"子不语怪,力,乱,神。"孔子重人事、轻鬼神,革新了"周礼"的基本精神。又如"周礼"规定的宗法制、世袭制在孔子这里也被打破了,他提出的"举贤才",打破了亲亲尊尊的局面,主张"学而优则仕",向社会打开了取士的大门。

孔子不满当时"天下无道",动荡不安的社会现实,带着强烈的忧患意识和救世情怀,奔游列国,倡导"德化""礼治"。他说:"为政以德,譬如北辰,居其所而众星共之。"他提出"为国以礼",集中表达了他对礼在政治中的地位和作用的认识。除了重视德、礼,孔子也没有忽视政、刑在治国理民过程中的重要性,他指出:"道之以政,齐之以刑,民免而无耻;道之以德,齐之以礼,有耻且格。"孔子认为在治国理民过程中,德、礼与政、刑都是不可缺少的,不过,在这四者当中是有先后的,这就是德、礼为先,政、刑为后。

(2)"为国以礼"既要注重形式,又要注重精神实质。

孔子说:"礼云礼云,玉帛云乎哉? 乐云乐云,钟鼓云乎哉?"他认为玉帛、钟鼓是礼乐所不可少的,但只是限于形式上是不够的,要注重礼乐的精神。

礼的精神主要体现在"仁""恭""敬""让"等方面。"仁"是礼的最根本的精神内容。孔子曰:"人而不仁,如礼何? 人而不仁,如乐何?"意谓不仁的人,怎么能谈得上礼乐呢? 援仁入礼,以仁充礼,为孔子构建学说体系的最关键环节。"恭"是对人的庄重和顺。孔子主张"居处恭""貌思恭",但反对过分做作的恭顺,"巧言、令色、足恭,左丘明耻之,丘亦耻之。"因此,要做到恭,必须依礼而行。有若说:"恭近于礼,远耻辱也。""敬"是对人严肃、真诚,以礼相待。孔子主张敬父母,在孝养父母的同时要有敬,只养不敬不是真正的孝;敬上,赞扬子产"其事上也敬";敬友,赞扬晏子"善与人交,久而敬之。"孔子也在行为上表现了以礼而行的恭敬,如"入公门,鞠躬如也,如不容",等等。他在《论语·泰伯》篇中说:"恭而无礼则劳,慎而无礼则葸,勇而无礼则乱,直而无礼则绞。君子笃于亲,则民兴于仁,故旧不遗,则民不偷。"在孔子看来,只是恭敬而不以礼来指导,就会徒劳无功;只是谨慎而不以礼来指导,就会畏缩拘谨;只是勇猛而不以礼来指导,就会违法作乱;只是直率而不以礼来指导,就会说话尖刻。在上位的人如果厚待自己的亲属,百姓当中就会兴起仁的风气;君子如果不遗弃老朋友,百姓就不会对人冷漠无情了。

(3)实现以礼治国必先正名。

孔子把"正名"作为以礼治国的起始。当他与学生游卫时,子路问:"卫君待子而为政,子将奚先?"孔子说:"必也正名乎!"子路有些不解,孔子接着说:"名不正,则言不顺;言不顺,则事不成;事不成,则礼乐不兴;礼乐不兴,则刑罚不中;刑罚不中,则民无所措手足。"在孔子看来,君子对于他所不知道的事情,总是采取存疑的态度。名分不正,说起话来就不顺当合理;说话不顺当合理,事情就办不成;事情办不成,礼乐也就不能兴盛;礼乐不能兴盛,刑罚的执行就不会得当;刑罚不得当,百姓就不知怎么办好。所以,君子一定要定下一个名分,必须能够说得明白,说出来一定能够行得通。君子对于自己的言行,是从不马马虎虎对待的。而这一主张要落实在政治上,就是要做到"君君、臣臣、父父、子子"。如在君臣关系上,他强调君臣之间要以礼相待,"君事臣以礼,臣事君以忠"。各种社会关系都要以礼为准则,甚至孔子要求人们"非礼勿视,非礼勿听,非礼勿言,非礼勿动。"

4.1.4.3　和为贵——寻求平衡的为人处世之道

(1)中庸即"治中",目的是守礼。

中庸是孔子和儒家的重要思想,尤其作为一种道德观念,是孔子和儒家尤为提倡的。《论语》仅在《雍也》篇中提及"中庸"一词。中庸属于道德行为的评价问题,也是一种德行,而且是最高的德行。宋儒认为,不偏不倚谓之中,平常谓庸。中庸就是不偏不倚的平常的道理。中庸又被理解为中道,中道就是不偏于对立双方的任何一方,使双方保持均衡状态。中庸又称为"中行",中行是说,人的气质、作风、德行都不偏于一个方面,对立的双方互相牵制,互相补充。中庸是一种折中调和的思想。调和与均衡是事物发展过程中的一种状态,这种状态是相对的、暂时的。孔子揭示了事物发展过程的这一状态,并概括为"中庸",这对古代认识史是有贡献的。当然,如果不分青红皂白,在任何情况下都讲中庸,讲调和,那就否定了对立面的斗争与转化。

从《论语》有关记载可以看出,孔子把礼视为"中",执中、用中是依存于礼的,执中即是执礼,中庸即谨守礼制,不偏不倚,不激不随,恰当适中。礼的基本作用是治中,中的最大社会意义就是守礼。

执中、中庸的观念与"仁"也有密切关系。孔子还以"射"来作比喻,说明"中庸",认为"射"的"中"与"不中"的关键在自己主观方面,必须"反求诸其身",己心正则己身正,己身正则矢无不正,射无不中。这里谈"中",谈怎样才能"中",实际上已经揉进了"仁"的观念。换句话说,"执中"应是一种内在的修养,应成为君子的自觉追求,而内心的"执中"就是仁。正己好比仁,射中好比礼,仁是内在修养,礼是外在标准,仁是前提,礼是目的,二者之联结,便是中庸之道。

(2)"中庸"的实质是在极端中寻求平衡。

孔子对"中庸"原理的实际应用,是在极端中寻求平衡。求"中"之方,首先在于通过考察事物对立双方的连接点来确定,寻求双方在更高层次上的平衡。如孔子认识到当时社会贫富的对立,然而怎么解决贫富之间的矛盾呢?他既不是简单地站在求富的立场,又不是简单地设法去贫,而是提出了一个"义"字,用"义"作为调整贫富矛盾的一个标准,对双方都提出了更高的要求,寻求双方更高层次的统一。

其次,避免"过"与"不及"。"过"与"不及"是事物趋于极端的表现,必须通过"执中"来维持事物的平衡。因此,孔子提出要避免过与不及。子贡问师商两人,孔子说:"师也过,商也不及。"子贡又问,师比商是否更好一点,孔子答:"过犹不及。"在政治行为上,更要避免过与不及。孔子说:"如有周公之才之美,使骄且吝,其余不足观也已。"孔子认为,一个在上位的君主即使有周公那样美好的才能,如果骄傲自大而又吝啬小气,那其他方面也就不值得一看了。

再次,不可则止。处理事情要注意分寸,不要使行动突破质的规定性。为此,孔子提出不可则止。如孔子主张进谏,但认为不必强谏,谏而不听,臣应适可而止或退以洁身。他说:"所谓大臣者,以道事君,不可在止。""邦有道则仕,邦无道则可卷而怀之。"对于朋友也是一样,"忠告善道之,不可则止,毋自辱焉。"

(3)和而不同。

孔子在如何处理社会关系时提出："君子和而不同,小人同而不和。""和而不同"是孔子思想体系的重要组成部分。孔子认为,君子可以与周围的人保持和谐融洽的关系,但他对待任何事情都必须经过自己的独立思考,从来不愿人云亦云,盲目附和;小人则没有自己独立的见解,只求与别人完全一致,而不讲求原则,但他却与别人不能保持融洽友好的关系。这就是君子和小人在为人处事方面的根本区别。"和而不同"的辨析,显示出孔子思想的深刻哲理和高度智慧。同时,"君子惠而不费,劳而不怨,欲而不贪,泰而不骄,威而不猛"。也就是说,君子要给百姓以恩惠而自己却无所耗费,使百姓劳作而不使他们怨恨,要追求仁德而不贪图财利,庄重而不傲慢,威严而不凶猛。可见,孔子已把"和而不同"发展为一种普遍原则,其实质便是追求一种多样性的统一。

孔子在社会政治思想中也贯彻"和而不同"的原则。在政治上,孔子的主导思想是"为政以德",但又主张恩威并施、德刑兼备、宽猛相济,认为这样才能实现政治上的"和"。在经济上,孔子从"保民"出发,抱着实现社会良好秩序的愿望,反对各国君主对百姓增加赋敛,过分压榨,提倡发展生产,节俭财用。在文化上,孔子以"和而不同"的观念整理西周礼乐文化遗产,又广泛吸收、改造春秋时代各种学问、思想观念,构建自己的思想体系。

(4)和为贵。

孔子对"和"的标准问题十分关注,强调以"中"来建"和"。他是通过"和"与礼的关系来展开讨论的。在《论语·学而》篇中,他的学生有子云:"礼之用,和为贵。先王之道斯为美,小大由之。有所不行,知和而和,不以礼节之,亦不可行也。"和是儒家特别倡导的伦理、政治和社会原则。《礼记·中庸》写道:"喜怒哀乐之未发谓之中,发而皆中节谓之和。"《论语疏证》有言:"事之中节者皆谓之和,不独喜怒哀乐之发一事也。和今言适合,言恰当,言恰到好处。"孔子认为,礼的推行和应用要以和谐为贵。但是,凡事都要讲和谐,或者为和谐而和谐,不受礼文的约束也是行不通的。就是说,既要遵守礼所规定的等级差别,相互之间又不要出现不和。有子提出"和为贵"说,其目的是缓和不同等级之间的对立,使之不至于破裂,以安定当时的社会秩序。所以儒家既强调礼的运用以和为贵,又指出不能为和而和,要以礼节制之,可见孔子提倡的和并不是无原则的调和,这是有其合理性的。

礼的一个主要功能就是"辨异",即区分贵贱尊卑社会等级。但是,如果过分强调礼的辨异功能,就可能使社会中各方面不太和谐。因此,很有必要引进一个平衡性原则,这就是有子说的"和为贵"。其实,在西周礼乐文明中,"乐"作为一种和谐血缘情感,协调"礼"所涉及的各种关系的手段曾起过十分重要的作用。随着礼乐的崩坏,在春秋礼治思潮中,孔子和他的学生把礼的功用直接加以拓展,提出了"和为贵"的命题。这一命题的首要意蕴是指礼的终极目的是要实现社会和谐。事实上,不仅是礼,仁也追求平衡和谐,以"和"为贵。《论语》中的"仁"是一个包容了人伦、道德、政治的复杂多义的观念体系。

实现"和"的途径便如《中庸》所云:"舜其大知也与? 舜好问而好察尔言,隐恶而扬善,执其两端,有用其中于民。"这里,执其两端而用其中于民便是求"和"的途径,在这个意义上,"和"就是"中"。所以,正是在孔子这里初步实现了"中"与"和"的融合,形成了"中和论"。《中庸》把"中和论"推到本体论高度,使之获得了进一步的发展:"中也者,天下之大本也;和也者,天下之达道也。致中和,天地位焉,万物育焉。"这就是说,中是天下的本根状态,和是天下的最终归宿,达到中和是一切运动变化的根本目的,天地各得其所,万物顺利生长。

孔子认为,要实现"爱人",还要遵循"忠恕"之道,就是"己所不欲,勿施于人"的要求。"忠恕之道"可以说是孔子的发明。这个发明对后人影响很大。孔了把"忠恕之道"看成处理人际关系的一条准则,这也是儒家伦理的一个特色。这样,可以消除别人对自己的怨恨,缓和人际关系,安定社会秩序。

4.1.4.4 因材施教——科学先进的教育思想

孔子一生中有一大半的时间是从事传道、授业、解惑的教育工作。他创造了卓有成效的教育、教学方法;总结、倡导了一整套正确的学习原则;建立了一个比较完整的教学内容体系;提出了一系列有深远影响的教育思想;树立了良好的师德典范。

孔子的教育活动大致可以分为三个阶段:

第一阶段:自开始办学,到去齐国求仕之前,七八年时间。这一阶段他的门徒还不太多,但是办学已有成效,在社会上已经有了较大的名声。在这一时期,孔子的学生中有比他只小六岁的颜路(颜回之父),还有比他只小九岁的子路。子路几乎是终生陪伴着孔子。

第二阶段:自三十七岁(鲁昭公二十七年,公元前 515 年)从齐国返回鲁国到五十五岁(鲁定公十三年,公元前 497 年)周游列国之前,共十八年时间。这十八年中,孔子虽然有四年多的时间在做官从政,但并没有停止授徒。这一阶段是孔子教育事业大发展的阶段。他的教育经验越来越丰富,教育水平越来越高,名气越来越大,所收的弟子越来越多。除了鲁国的学生之外,他的学生中还有来自齐、楚、卫、晋、秦、陈、吴、宋等国的求学者。这一时期孔子的威望已经树立起来。他的一些有名的弟子,如颜回、子贡、冉求、仲弓等,大都是这一时期进入孔门的。这些弟子中的一部分人后来跟随孔子周游列国,一部分人从了政。

第三阶段:自六十八岁(鲁展公十一年,公元前 484 年)周游列国结束回到鲁国,到孔子去世,共五年时间。这时,他虽然被季康子派人迎回鲁国,但鲁哀公、季氏最终并没有任用他。他虽然有大夫的身份,有时也发表一些政见,但没有人听从他的意见。他把精力集中到办教育与整理古代文献典籍上了。这一时期他的学生也很多,培养出了子夏、子游、子张、曾参等才华出众的弟子。这几个人后来大都从事了教育事业,对儒家学派的形成与发展,对孔子思想的传播起到了重要作用。

孔子在周游列国的十四年中,也没有停止过教育活动。他在卫国、陈国的数年间并没有从政,弟子就在身边,师生之间不可能不进行学术研讨。而且他带着弟子到列国去周游,本身就开阔了这些学生的眼界,他们的意志也受到了磨炼。这可以说是一种特殊的教育活动。孔子一生从事教育事业,相传有弟子三千,贤弟子七十二人,其中在德行方面表现突出的有颜渊、闵子骞、冉伯牛、仲弓;在语言方面表现突出的有宰我、子贡;办理政事能力较强的有冉有、子路;熟悉古代文献的有子游、子夏。孔子的弟子中,有不少人都有了一番成就,对于当时政治,尤其是对于孔子思想的传播,对于儒家的形成和发展,起到了重要作用。

纵观孔子的一生,他对他的学生的影响,一部分是通过言传,通过学习古代文献、传授各种技艺,而更多的、更为深刻的则是身教。他的勤奋好学,他对真理、对理想、对完美人格的追求,他的正直、善良、谦虚、有礼,他对国家的忠诚与对百姓的关心,都深深地感染着他的学生与后人。孔子爱教育、爱学生,诲人不倦,他能平等对待学生,做到教学相长,严格要求自己、以身作则。严格要求自己,以身作则,既是孔子的高尚师德,也是孔子提出的一条教育原则。

孔子的理想是要实现人与人之间充满仁爱的大同世界。为了实现大同世界，关键是要把仁爱思想灌输到广大群众中，为此需要培养一大批有志于弘扬和推行仁道的志士和君子。这类志士和君子既要有弘道和行道的志向，又要有弘道和行道的德才。志向是指"笃信好学，守死善道""志士仁人，无求生以害仁，有杀生以成仁。"德才是指：具有智、仁、勇、艺、礼、乐六个方面的德行与才能，即孔子所说的："若藏武仲之知(智)，公绰之不欲，卞庄子之勇，冉求之艺，文之以礼乐，亦可以为成人矣。"由于"不欲"含有"克己"之意，按"克己复礼为仁"的说法，"不欲"含有可达仁之意，故可解释为"仁"。可见培养具有弘道、行道志向与德才的君子或志士就是孔子教育的目标。

(1)既重视教育的社会作用，也重视教育在个人发展中的作用。

《礼记》中《大学》篇关于"格物、致知、诚意、正心、修身、齐家、治国、平天下"的著名论述既说明了儒家关于大学教育的过程和步骤，也清楚地表明了儒家对教育作用的看法：通过格物、致知做到诚意、正心(即树立正确的伦理道德观念，做到不为各种私心邪念所动摇)，从而达到修身的目的(即形成完善的人格)，这是教育对个人发展所起的作用；在此基础上，每个人都积极为促进各自家庭的和谐美满(家庭是社会的细胞)和国家的繁荣、稳定而努力作出自己的贡献(齐家、治国、平天下)，这是教育对社会发展所起的作用。

(2)教育对象的普及。

关于孔子开课授徒的对象，可用孔子的一句名言"有教无类"来概括，即不分贵族与平民，不分华夏与狄夷都可以接受教育。在等级森严的奴隶社会末期和把狄夷看作非我族类的"豺狼"的时代，孔子能对教育对象有如此认识，并能在实践中始终以此作为办学方针，这无疑表明孔子有极大的勇气与魄力。

孔子为达到上述培养目标而确定的教学内容是六艺，即：礼、乐、射、御、书、数六门课程。周公制作礼乐以治天下，"礼"用于维护各种人伦和道德规范；"乐"是通过音乐、舞蹈、诗歌等艺术手段使学生从情感上接受道德的熏陶，所以礼乐互为表里，共同完成德育任务。"射"是指射箭，"御"是指驾驭战车的技术，这两项属军事技能。"书"包括识字和了解自然博物常识，相当于现代的文化科学知识。"数"不仅是指一般的数学知识，还包括记日、记月、记年的历法。由六艺可见，孔子的教学内容包括道德教育、科学文化教育和技能训练三部分。但这三部分内容并非等量齐观的,从"弟子入则孝,出则弟,谨而信,泛爱众而亲仁。行有余力,则以学文"这个关于仁的重要定义来看,孔子显然是把"学会做人"即道德教育放在基础或首要的地位来强调的。由于礼乐教育相当于现代的美育,军事技能相当于现代军事体育,科学文化知识就是智育,因此我们可以说,孔子在两千多年前就已明确提出了教学内容应包括德、智、体、美四个方面,并且应以道德教育为基础,把道德教育放在首位,这种教育思想至今仍有重要的现实指导意义。

(3)教学方法的创新。

孔子在教学方法方面更有诸多积极创造,如:循循善诱、因材施教、学思结合、知行统一、不愤不启、不悱不发、温故知新、循序渐进、举一反三等行之有效的方法,至今仍在各级各类学校的教学中发挥作用。

仅以"因材施教"方法而论,孔子就是独树一帜,在古今中外的教育家中无人能与之相比。在《论语》中,有不少生动的事例表明,同一个问题,孔子对不同学生有不同的教法,例如在《论语·颜渊》篇中记载,樊迟、司马牛、仲弓和颜渊均曾向孔子问仁,孔子做出了四种不同的回答:

樊迟的资质较鲁钝,孔子对他就只讲"仁"的最基本概念——"爱人";司马牛因"多言而躁",孔子就告诫他:做一个仁人要说话谨慎,不要急于表态;仲弓对人不够谦恭,不能体谅别人,孔子就教他忠恕之道,教他能将心比心、推己及人;颜渊是孔子门下一大弟子,已有很高的德行,所以孔子就用仁的最高标准来要求他:视、听、言、行,一举一动都要合乎礼的规范。总之,根据每位学生基础和造诣的不同,孔子对同一问题作出了四种深浅不同的回答,既切合每位学生的思想实际,又都符合仁的基本概念。孔子之所以能做到这点,是因为他经常分析每个学生的不同特点,对每位学生的才能特点、性格特征,都心里有数。他认为"由也果"(子路果敢),"赐也达"(子贡为人豁达、大度),"求也艺"(冉求多才多艺),"柴也愚"(高柴较迟钝),"参也鲁"(曾参较耿直),"师也辟"(子张较偏激),等等。

孔子不仅能做到因人施教,还能因时间、地点、环境的不同而施教,尽管"因材施教"这一概念并非孔子本人首先提出,而是宋代朱熹在总结孔子教学方法时归纳出来的,但是从孔子一生的教育实践看,他是最完整、最深入地把因材施教方法运用于教学过程的教育家。

与从政事业相比较,孔子一生在教育领域取得的成就要大得多。春秋时期以前,学在官府,文化知识被贵族垄断。孔子首创私人讲学,面向社会广泛招收学生,通过传授文化知识来培养从政人才,对随后的历史产生了巨大影响。

孔子弟子在孔子死后继续游历诸国,推动了各国政治体制由贵族制向官僚制的过渡。同时,他们从不同侧面发展孔子思想、传播古典文献,为战国时期百家争鸣局面的形成创造了条件。

通过多年的教学实践,孔子一方面教出许多优秀的学生、桃李满天下,另一方面也总结出了许多重要的教育经验。

4.2　儒家的生命观和当代大学生生命教育

▶ 4.2.1　当代大学生生命教育发展现状

近年来,发生在高校大学生中的自杀、他杀和伤人等事件屡见不鲜且有不断上升的趋势,成为一个社会化问题。当代大学生作为接受高等教育的特殊群体,其中少部分人如此淡薄的生命意识,失范的生命行为给家庭带来无法弥补的伤痛的同时也造成了极其恶劣的社会影响。大学生生命教育迫在眉睫。

"生命教育"缘于美国的"死亡学"及"死亡教育",1979 年在澳大利亚成立的"生命教育中心"可认作是生命教育概念明晰化的开端。西方一些国家已经建立起了一整套较完整的生命价值或类似表达的教育系统,我国台湾、香港、澳门等地也结合各自的情况对生命教育开展了一系列的尝试。生命教育在我国大陆的起步较为迟滞,教育的方式和内容也还有待完善。美国的生命教育起初是以死亡教育的形式出现的,美国的死亡教育名为谈死,实则通过死亡教育让孩子树立正确的生死观念,以正确的态度保持生命、追求生命的价值和意义,死亡教育是教育的一种形式;澳大利亚的生命教育最初是供学校运用的反毒品教育资源,强调每个孩子是"独一无二"的理念,并根据这一原则,建立健全共生伙伴关系,设计适合小学各年龄课程的反毒教育,并透过流动教室的教学人员、多媒体的科技和交互作用的教学协助,传达生命教育的意义;英国是把死亡教育融合进宗教教育的课程中,被当地称为"情意教育","期望能体现教育的本质,提供学生全人发展的成长过程,借由教育启发学生生命智慧、深化自省自觉、整合知情意行为目标,并期望能带给学生长期持续性的影响,引导学生不仅成为成熟的个体,更成为具有和谐群性的社会人";日本的生命教育称为"余裕教育",其口号就是"热爱生命,选择坚强",是针对现在日本青少年的脆弱心理和青少年自杀事件而提出的,目的是让青少年通过"余裕教育"认识到生命的美好和重要,使他们能面对并很好地承受挫折,更加热爱生命,珍惜生命;我国香港、台湾、澳门等地的生命教育都与当地的民间团体有密切联系,其中台湾已经把八门生命教育类的课程列入高中生的选修课程中,而香港也把"个人成长教育"通过社区发展的形式推行开。我国大陆目前也已经逐步开展了生命教育,但是现有的力量大多分布在中小学生上,对于大学生的生命教育还比较欠缺,然则作为个人发展的一个重要阶段,大学生生命教育是个体成长生命教育的重要一环,需要得到足够重视。

▶ 4.2.2　儒家的生命观

儒家的生命观是一种自然的,由生知死,注重生之进取,死之顺道,随顺自然的生命观。

4.2.2.1　尊生重死的生死态度

孔子对待生死的基本态度是尊重生命、重视死亡。他看重生命,认为生命是珍贵而不可再生的,人应当把握有限的生命创造无限的生命价值。但他也不避讳死亡,认为这是现实人生的终点,是人的最终归宿,应当谨慎处之。

(1)尊"生"。

中华民族有珍爱生命的传统,医书《十问》中就记载有尧舜之对话,尧问于舜,天下万物谁最可贵,舜答曰:生最贵,即认为生命乃是万事万物中最为珍贵和有价值的。在孔子的思想中也有明确的尊生观念。孔子珍视自身生命,病重时,子路为他祈祷,子曰:"丘之祷久矣。""康子馈药,拜而受之。曰:'丘未达,不敢尝。'"(《论语·乡党》)对不了解的药不敢试服。他也常感叹生命短暂,"日月逝矣,岁不我与""加我数年,五十以学易,可以无大过矣",希望自己可以有足够的生命时间探究人生大道。孔子不仅重视己身，对他人生命也同等视之，《论语·乡党》中记载有"厩焚。子退朝，曰：'伤人乎？'不问马。"只在乎是否有人受伤，而不关心自己财物是否有损失。春秋时期一般以活人殉葬为然，而孔子却批判道："始作俑者，其无后乎！"孔子从来不曾如此咒骂人，可见其对轻视他人性命之人的愤恨和不满。在治理政事上，孔子注重休养生息，"道千乘之国，敬事而信，节用而爱人，使民以时"（《论语·学而》），反对杀戮，告于季康子"子为政，焉用杀？"亦认为不可"以不教之民战"，这等于糟蹋生命。"子之所慎：斋，战，疾。"（《论语·述而》）孔子所小心慎重的三样事情中，有两样都关乎性命，无论是战争还是疾病都可使人性命受到威胁，此等大事不可不谨慎处之。

(2)重"死"。

①"有始则必有终矣"。

孔子说："自古皆有死。"（《论语·颜渊》）"故命者，性之始也；死者，生之终也。有始则必有终矣。"（《孔子家语·本命解第二十六》）他认为生死乃人生必须经历的，人的生死是一个自然过程，和四时运行、百物生长一样，因而人对于生死的态度也应该是自然达观的。孔子不仅认识到这一点，且身体力行于此。当被困于陈、蔡，断粮七日之时仍坚守其道，说："为之者，人也；生死者，命也。"（《孔子家语·在厄第二十》）当他感到自己将死之时仍处之泰然，只是感叹"夫明王不兴，则天下其孰能宗余？"（《孔子家语·终记解第四十》）担心他的治世之道不能被后人采用。孔子不仅以己身正视死亡，还谆谆教诲弟子对待生死要豁然，不必过分忧虑生死之事，他说："贫者士之常也，死者人之终也，处常得终，当何忧哉？"（《列子·天瑞》）

②"大哉乎死也！"

孔子重死，可从其对丧礼和祭祀的重视看出，他明确说办丧事和祭鬼神如同人吃饭一样重要，"所重：民、食、丧、祭"。但是孔子表示丧葬之礼只是表面形式问题，他更加重视的是人内心情感的真挚与否。他说："无服之丧，内恕孔悲。""无服之丧，施及万邦。"（《孔子家语·论礼第二十七》）没有穿丧服而内心至哀的丧礼会引得他人同情而一同悲伤，没有穿丧服而充满真挚哀痛的德行可以抚育万邦。"礼，与其奢也，宁俭；丧，与其易也，宁戚。"（《论语·八佾》）这才是丧礼之本。所以举办丧事，"与其哀不足而礼有余，不若礼不足而哀有余也"，举行祭祀，"与其敬不足而礼有余，不若礼不足而敬有余也"（《孔子家语·曲礼子贡问第四十二》）。由此可见,孔子重丧葬祭祀之礼,亦是希望人们通过这些外在的形式逐渐认识到丧葬祭祀的本质在于对待事物的内在心理因素,正如朱熹所注"然凡物之理,必先有质而后有文,则质乃礼之本也。"

4.2.2.2　认知生死

在孔子看来,天地无穷,生死有时,人的生命在无穷的天地之间不过是白驹过隙,若"不能悦其志意,养其寿命者",都不是通晓大道之人。历来学者多认为孔子对于死是略显避讳之态,即使论及死也多从生之角度加以论说,但这都由孔子重生重现世的理论基点所决定的。然而综观有关孔子的言论与著述,他并无忽视或完全不论及死。相反,他认为生死是息息相关的,生与死是生命的两个端点,"死之于生,一往一反",人往往"知死之恶,未知死之息也",有生有死才构成完整的生命。

(1)由生知死。

孔子曾说:"凡人之知,能见已然,不能见将然。"(《大戴礼·礼察》)在孔子看来,生死鬼神之事都是"将然",是重大而深奥的,是现世之人无法预测与解答的。因此,我们应将目光置于现实人生之上。孔子所讲的"生"既意指人之初生,也涵盖人之生活,他认为即使穷尽一生若能清楚生命之原始,明白生存之道已属不易,哪里有闲暇去妄测死后之事。因此他讲"未知生,焉知死?"这一方面是在告诫弟子应重视现实生活,另一方面则指出明白生的意义才能懂得死。孔子在回答子贡死者是否有知的问题时也是只考虑他的回答对现实的影响,若答死者有知,"将恐孝子顺孙妨生以送死",怕影响生者的正常生活;若答死者无知,"将恐不孝之子弃其亲而不葬",怕影响现实生活的伦理纲常。由此可见,孔子对生死的理解都是着眼于生。

(2)生死取舍。

生死在孔子那里是有衡量和考度的。身为君子,应当"可以屈则屈,可以伸则伸"(《孔子家语·屈节解第三十七》),屈节是因为心中有所期待,是为了等待时机,是为了在适当的境遇中使自身的力量发挥达到最大。召忽与管仲皆为公子纠之近臣,纠死,召忽随主自裁,管仲却易主辅佐齐桓公建立霸业。孔子对二者的评价是"召忽者,人臣之才也,不死则三军之虏也,死之则名闻天下,夫何为不死哉?管子者,天子之佐、诸侯之相也,死之则不免为沟中之瘠,不死则功复用于天下。夫何为死之哉?"(《说苑·善说》)一死,一生;一个人臣之才,一个诸侯之相;一个名闻天下,一个功于天下。二者同为仁人,但明显可见,孔子更推崇管仲之仁行。召忽之死,美名集于一身,管仲忍辱而生,利天下人。由此可见,孔子在生死取舍之间注重的是群体意义,何者能使更广泛的群体受益则更推崇何者。

4.2.2.3 超越生死

生死处于人生之两端,是人走完生命历程所必经之两点。孔子尊生却没有贪生而怕死,有时面对生反而要比死需要更大的勇气;孔子重死却不允许离生而轻舍性命,有时选择死未必能成就人生价值。孔子把生死看成一体,是相互统一而非相互对立的。孔子对生死的从容坦然之态已超越了生死。孔子认识到人不可能在肉体上得到永生,但可以在精神上追求不朽,于有限的自然生命之中挖掘无限的精神价值,在精神领域内达到永恒。

(1)生死坦然。

孔子认识到生死在天,但并未就此听天由命,任其自然。他说:"存亡祸福,皆在己而已,天灾地妖,不能加也。"(《说苑·敬慎》)存亡祸福都是取决于人自身,即使是天灾地祸也无法改变。这就是说,人自身具有能动性,生命虽是有限的,但能动性是无穷的,人可以发挥无穷的能动性于有限的生命中推动历史的前进,实现自我与世界的发展。在生活中有乐而不疲的追求,行为处事被他人和社会认可,人就会获得充实感和存在感,就无心顾及死亡是否临近。孔子说"生无所息",人生在世便需时时刻刻努力,没有可息之时、可息之所,唯死后才是可息之时,唯坟才是可息之所。由此,孔子把死转化为人劳碌一生唯一可以放下重担停滞脚步的时候,人对死亡的恐惧也随之淡然。孔子认为人们在生活中有理想,有追求,无比充实,生命便嵌上了神圣的光环,人们执着地生活,便能忘怀"死亡"将要来到,得到心理上的慰藉,从而超越死亡。

(2)超越生死。

①"名"不朽。

《左传·襄公二十四年》载,春秋时期鲁国的叔孙豹与晋国的范宣子曾就何为"死而不朽"展开讨论。范宣子认为,他的祖先从虞、夏、商、周以来世代为贵族,家世显赫,香火不绝,这就是"不朽"。叔孙豹则以为不然,他认为这只能叫作"世禄"

而非"不朽"。在他看来,真正的不朽乃是:"太上有立德,其次有立功,其次有立言,虽久不废,此之谓三不朽。"唐人孔颖达对德、功、言有其解释,"立德谓创制垂法,博施济众","立功谓拯厄除难,功济于时","立言谓言得其要,理足可传"(《春秋左传正义》)。其实这些都旨在追求某种身后不朽之名。而对身后不朽之名的追求,正是古圣人贤士超越个体生命而追求永生不朽、超越物质欲求而追求精神满足的独特形式。孔子讲:"君子疾没世而名不称焉。"这个"名"就是对立德、立功、立言的概括。孔子希望人生能够成就圣人修为,并将个人的修身之道和处世之道弘扬普及开来,以己身作为世人典范,这就是立德;于危难之中救国,于治世之中辅国,对国家和社会有超于常人的贡献,这就是立功;有文著于世,有思想学说开诸家之新,这就是立言。"立德、立功、立言"都可以使个体突破自身生命的限制,以自身超于常人的贡献而在社会群体中获得永恒和不朽。

②精神超越。

"仁"是孔子思想的核心,"道"是孔子所关怀的终极对象,仁是从伦理道德意义方面来阐释道的具体内容。在孔子看来,生命固然珍贵,但仁道比生命更加宝贵。君子一生都应当践行仁道,"士不可不弘毅,任重而道远。仁以为己任,不亦重乎?死而后已,不亦远乎?""仁"是君子所要达到的最高境界,君子行"仁",固而不易,但在思"仁"、践"仁"的过程中逐渐达到与"仁"为一却是一种无可比拟的生存状态,是一种精神上的满足。若能为"仁"舍身,则更是一种荣耀,是为实现个人信仰达到的最高状态,这是精神上的超越,已无关乎生死。孔子亦否定死亡的终极性,但不是从人死后还能复活或灵魂在彼岸世界永生方面来加以否定,而是从"天人合一"、精神无限的角度来加以否定。

▶ 4.2.3   儒家生命观对当代大学生生命教育的启示

4.2.3.1   教育当代大学生正确看待生命价值

儒家文化把人的自然生命作为实现社会价值的载体,认为只有在追求社会价值的过程中,人的自然生命才具有存在的意义。"士不可不弘毅,任重而道远。仁以为己任,不亦重乎?死而后已,不亦远乎?""弘毅"一直是儒家思想的重点,承担自己的责任,发挥自己的价值,作用于社会,是儒家思想中认为的人生价值的所在。

儒家主张以积极入世而又严谨的态度去追求个人生命的价值,实现自己的生命意义。儒家主张外立业,内修心,既有"修身齐家治国平天下"的抱负,也有"仁义礼"的道德追求。儒家思想中的这些内容,对当代大学生群体中出现的生命意义的缺失,对人生的淡漠,对个人责任的漠视等不良倾向具有纠正作用。

"闻道、行道"为儒家文化的价值指导原则。"朝闻道,夕死可矣。"儒家不仅追求知识,更注重个人品德的塑造,主张一生都以严格的标准来要求自己的德行,努力把所学体现在实践中。奋斗目标的存在,是一个人对社会、对个人生活目标的明确反映。针对部分大学生价值感缺失的问题,帮助其构建积极有为、奋发图强的目标,追求个人道德的发展与个人意义在社会上的实现,并在追求的过程中不断享受生命所带来的惊喜,是儒家生命观在大学生生命教育中的重要作用。

儒家的生命价值观高度凝练在所谓的"立德""立功""立言"这种人生追求的"三不朽"中。具体说,立德就是志于道,以身载道,以完美的人格和品行成为世人的楷模。立功就是在国家和社会事务中做出突出贡献。立言则是创一家之言,从思想上拓展人生境界。儒家的入世思想并不是消极的、功利的、个人主义的,而是积极的、为个人更好的发展提供帮助,并非常注重人处事智慧的发展,对心态的修炼。这对当下的生命教育应该是很有启发的。

在特殊情况下"杀身成仁""舍生取义",最终实现"立德"的生命价值观深深地影响着中国历代仁人志士,它激发了中华民族抵抗外来侵略、维护国家安全稳定时抛头颅、洒热血的豪情,也激发了人们在和平时期的忧患意识和进取精神,激励一代代有理想的年轻人发愤苦读,立志报效祖国。儒家这种强烈的历史使命感和责任感作为中国文化的精髓代代相传,在今天仍有重大意义。如果当今的大学生都能有古圣先贤的宽广胸怀和志气,都能有积极的人生态度和为祖国为人民不惜牺牲生命的人生价值观,那么,他们就会明白,人在生时,就应该珍惜生命,追求真理,这样的人生才有价值;死,也要死得其所,死得有价值,有意义,不能轻易赴死。

4.2.3.2 教育当代大学生珍惜有限的生命

孔子曾发出"逝者如斯夫,不舍昼夜"(《论语·子罕》)的感慨。看到滔滔河水无论白天、黑夜奔流向前,永不停息,他联想到生命的短暂,时光的飞逝。既然人的生命如此短暂,就应倍加珍惜,不可虚掷光阴,浪费宝贵的生命。

当代大学生多为独生子女，一些人习惯了以自我为中心，这种自我化的人生观，消解了他们对父母、家庭、社会和国家的责任感，所以，当他们遇到困难和挫折时，主要考虑的是自身痛苦的解脱，很少考虑他人。因而，较之先辈更容易采取自杀或杀害他人的极端行为。故应深入挖掘儒家优秀传统文化，以古圣先贤的思想言论教育学生意识到生命的有限和珍贵，教育他们有自爱之心，尊重生命，对生命存"敬畏"之念，让他们知道生命不是私有财产，在每个人的生命根源上连着父母的生命，民族的生命。

孟懿子问孔子什么是孝，孔子回答说："无违。"后孔子又对樊迟解释说，"孝"就是："生，事之以礼；死，葬之以礼，祭之以礼。"（《论语·为政》）孔子是十分重视孝道的，他要求人们对自己的父母尽孝时不应违背礼的规定。同时，他指出，不仅要从形式上按周礼的原则侍奉父母，而且要从内心深处真正地孝敬父母。他说对父母尽孝最不容易的就是和颜悦色："色难。有事，弟子服其劳；有酒食，先生馔，曾是以为孝乎？"（《论语·为政》）孔子认为仅仅替父母做事，为父母提供食物并不是真正地尽孝道，能够和颜悦色地对待父母才是真正的孝。当前，随着社会经济的发展，人民生活水平的提高，孔子所指出的这种仅仅替父母做事，为父母提供食物的"孝顺"儿女日益增多，"空巢"老人不断出现，老人们衣食无忧，却无儿孙在身旁，倍感孤独。在一些地区，忽略、歧视、虐待老人的情况也时有发生。我们应批判地继承儒家合理的孝道，教育学生尊重父母，从内心深处真正地关心、爱护赐予我们生命的父母。

学校生命教育应通过对大学生进行生命孕育、生命发展知识的传授，让他们对自己有一定的认识，对自己和他人的生命抱珍惜和尊重的态度，并在受教育的过程中增强对社会及他人的爱心，使学生在人格上获得全面发展，形成"仁爱为怀"的思想，形成一种敬畏生命，珍重生命的态度。

4.3 儒家德育思想在当代大学生思想政治教育中的价值审视

▶ 4.3.1 儒家德育思想的内容

我国传统儒家文化中一直把道德修养教育和修身教育放在核心位置,在不断实践探索的过程中逐渐形成了较为完善的道德修养学说。我国儒家德育思想的核心内容主要表现在德育在先、修身为本、君子人格、孔颜乐处、有教无类和师道尊严几个方面。

4.3.1.1 德育在先

德育在先在我国儒家德育思想中表现为在社会政治思想、文化教育的各个领域都要坚持德育为先。孔子曰:"修己以安百姓。"也就是说要具备高尚的道德思想观念才能治理国家,安抚百姓。国家的治理需要从德育和政令刑法两个角度来进行,但是,德育与政令刑法相比有着优势,也是切实达到治理国家目的的一个最有效的路径,正如孟子《尽心·上》所言:"为政以德""善政不如善教之得民也。"

4.3.1.2 修身为本

正所谓"修身、治国、平天下",儒家德育思想中的修身思想是建立在人性论学说和道德学说的基础上的,《礼记·大学》有言:"身修而后家齐,家齐而后国治。""大学之道,在明明德,在亲民,在止于至善。"所以,一切都要从修身开始,通过道德教化和自我道德修养的提升,以淳化社会风气。只有从修身教育出发,才能真正实现道德教育的目标要求。

4.3.1.3 君子人格

君子是指具有较高道德水准、完美人格的人,也就是要做到仁、义、礼、智、信。成为君子的关键是要有仁爱之心。在经济高度发达的市场经济时代,如果人们没有君子人格之风范,则会造成小人当道,阻碍社会发展。

4.3.1.4　孔颜乐处

孔子赞扬学生颜回道:"一箪食,一瓢饮,在陋巷。人不堪其忧,回也不改其乐。"孔颜乐处是儒家道德修养的重要方面,也是安贫乐道的代名词,这也是存理去欲所得到的精神享受,认为快乐本身不在于物质享受,而在于情操的追求。在物质生活日益丰富的现代社会,这一道德价值观激励人们去大胆追求自己的理想、道德情感和精神享受,淡化物欲概念,这也是对人格理想教育的最高诠释。

4.3.1.5　有教无类和师道尊严

有教无类是指人不分贵贱等级,都有接受教育的权利,这是孔子教育思想的一个重要内容,也是对传统教育思想革新的最高阐发,为人人接受道德教育提供了重要的思想资源。师道尊严是指从尊师开始重视教育,提倡尊敬教师,这也是现代道德教育体制中必须倡导的重要内容。

▶ 4.3.2　儒家德育思想对当代大学生思想政治教育的价值

4.3.2.1　儒家德育的原则对当代大学生思想政治教育的价值

儒家德育思想是以"仁""礼"为核心,注重人的道德修养,强调人伦和礼义的关系,秉持"仁"的原则来处理人与人之间的关系。这种"仁"的思想最早是由孔子提出来的,且普遍存在于其政治思想和教育思想之中。在这里"仁"的含义比较多,其中常用的一种就是指要"爱人",即关心爱护他人。这种"爱人"的思想在孔子以及其继承者身上都有十分明确的表现,如孔子的"己所不欲,勿施于人"、孟子的"老吾老以及人之老,幼吾幼以及人之幼"等,这些都表现出一种为他人着想,关爱他人的思想。因此,在当前的大学生思想政治教育中融入儒家的"仁爱"思想具有较强的现实意义。可将关爱他人、尊重他人以及理解他人作为高校德育教育的基本原则。大学生是高校德育教学的主要教育对象,他们各方面的能力已经逐渐趋于成熟,因此在高校德育教学过程中,应尽量与大学生进行平等的交流和互动。教师要保持平等的态度去教育每一个学生,用"理"来说服学生,用"爱"来打动学生,用自身的行为来带动学生;而不是以高人一等的架势,用权力和利益来强迫学生和诱惑学生。因此思想政治教育者在施教的过程中不仅要从自身出发还要从学生的角度思考,要清楚地认识到教育不是任务,更不是简单地敷衍了事就行的,而是一种使命和责任,需要切实地给予教育对象帮助、关心和爱护,指导和教育他们面对困难,解决困难。

4.3.2.2 儒家德育的方法对当代大学生思想政治教育的价值

儒家的德育思想是由孔子创立的,其中诸多的德育方法都是孔子通过数十年的教育实践累积而成的,且在实际的运用中也的确发挥出很大的效用。其中有关立志、内省、诚信等内容的教学方法对今天的思想政治教学有十分重要的借鉴意义,有助于提高大学生的品德修养,促使其主动修身立志。"立志"教育是儒家德育思想中十分看重的一点,尤其是在教育学生确立和坚守自己的人生志向时,强调对学生的意志锻炼,即要求学生能够持之以恒、不畏困难、拒绝诱惑,始终坚守心中的理想和信念。子曰:"三军可夺帅也,匹夫不可夺志也。"这充分展示了儒家德育对"立志"的重视。因此,大学生思想政治教育应该自学生踏入校门的那一天就开始,要求学生树立自己的人生目标,以及确定职业生涯规划、学习生活要求等,鼓励和引导学生排除外界的一切干扰和影响,形成过硬的心理素质和坚强的意志,帮助学生树立自信、自强、自立、自爱、自尊的优良品质。同时借鉴儒家"内省"的教学方法。高校的思想政治教育应注重对学生自我管理能力和自我克制能力的培养,通过自律教育来引导学生自觉地遵守法律法规、校纪校规。所谓"躬自厚而薄责于人,则远怨矣",即每个人要多反省自己的过错,少理怨别人,这样才能减少与别人的矛盾。此外大学生思想政治教育还应该注重对学生诚信的教学。诚信是人的立身之本,是衡量学生道德修养的重要标准。儒家德育教学在这方面提出"言必信,行必果""人而无信,不知其可也",要求学习者能够言行统一,言行相顾,同时为了防止言行不一现象的产生,"慎言"也是儒家德育诚信教学的一个内容。因此当前的大学生思想政治教育要注重对学生诚信的培养,要求学生讲信用,重承诺。

4.3.2.3 儒家德育的"知行合一"理念对当代大学生思想政治教育的价值

当前部分高校在思想政治教育方面采用灌输式的纯理论教学,涉及道德实践方面的内容较少,学生对道德标准的理解只停留在理论层面,并没有能够真正地将其内化至自己的日常行为之中,致使学生的道德效率难以提高。儒家德育思想讲究"知行合一",注重道德的实践性,即要求教育对象不仅在认识层面清楚道德的标准,更要身体力行,从而真正提高教育对象的道德修养。儒家德育思想认为,教育对象只有将道德规范内化形成自己的道德品质,才能利用内化了的道德标准来规范、约束和调节自己的想法和行为,通过这样产生的行为和思想才能说是有道德的。因此对于当前的大学生思想政治教育而言,应该将其主要划为两个阶段,分别是"教"和"育"。前者是要求学习道德,后者则倾向于道德的培育和养成。在进行思想政治教育时,既要注重学生的自身修养和理解,同时也要引导学生多从实践中获取真知,摆脱死记硬背、生搬硬套、闭门造车的学习方式,应该向学生提供更多的实践机会和稳定的交流平台,让学生通过亲身的体验增强对道德的理解,使之逐渐成为自己能力架构中的一部分。

4.3.2.4 儒家德育的"修己"理念对当代大学生思想政治教育的价值

儒家德育思想十分注重自身的修养,强调教育对象能够"克己内省""学思结合"。当代大学生思想政治教育对学生自我教育重视不够,将教育学生和改变学生的希望相对多地寄托在外界的力量上,而相对忽视了学生的自我教育。当前的大学生多数处于青年阶段,因此他们具备相对成熟的思考能力和自我教育能力,但在实际的大学生思想政治教育过程中,学生的主体地位有时会被忽略,同时学生的主观能动性也受到了限制,不利于激发学生的学习热情和主动性。因此,在当前的情况下,高校的思想政治教育应当重视对学生自我教育的挖掘,引导学生积极学习、主动学习,尊重学生的差异性,鼓励学生自我发展、自我完善和自我教育;也应该努力构建起民主平等、亲善友爱的师生关系,从而更好地引导学生开展自我教育,使学生逐渐产生较强的进取意识和自我克制意识,能够向自己提出提高道德素养的目标和任务,并且为实现这个目标而自觉地学习知识,进行转化和自我控制。高校思想政治教育通过"修己"的过程来帮助学生从内而外地提升自己的思想品格和道德素养,最终实现高校思想政治教育"树人""育人"的教育目的。

第5章

道家文化与当代大学生思想政治教育的融合

5.1　道家文化的发展与思想

▶ 5.1.1　道家文化的发展

5.1.1.1　道家的起源

《汉书·艺文志》曾记载,道家书籍有《黄帝四经》《黄帝铭》《黄帝君臣》《杂黄帝》《力牧》《伊尹》《太公》《辛甲》《鹖冠子》《管子》等,暗示道家思想与黄帝、伊尹、姜太公、辛甲、鹖冠子、管子等人的治世思想有关。另外,与儒家文化起源于周文化不同,道家学者多出自宋、楚、秦、齐等国,暗示道家思想与殷商文化密切相关。

据商代的甲骨资料来看,殷商时代的万物崇拜依旧盛行,信仰对象包含大自然的各方面,例如:河神、山神、地神、日月星辰等对象。道家中的"自然""自化""无为""因循"都能反映这种对世间万物的崇拜。

5.1.1.2　道家的成型

春秋末年,以老子《道德经》的问世为标志,道家思想基本成型。

《道德经》提出了"无为而治"的主张,成为中国历史上某些朝代(如西汉初)的治国方略。这种思想在经济上可以缓解人民的一些压力,对早期中国的稳定起到过一定作用。历史上《道德经》注者如云,甚至有几位皇帝都为其作注。唐贞观二十一年(647 年),译《道德经》为梵文,传入东天竺;唐开元二十三年(735 年),唐玄宗亲注《老子》。日本使者名代,请《老子经》及老子"天尊像"归国,对日本社会发展产生过影响。

5.1.1.3　道家的兴盛

战国时期,道家形成三个派别——杨朱派、黄老派和老庄派,杨朱派和黄老派都曾兴盛一时,其中以黄老派最盛。其时,黄老思想不但成为田齐的治国思想,并通过百家争鸣对诸子产生了巨大影响,而且在楚国和吕不韦统治时期的秦国也发挥过一定作用,以至于在战国末期形成了蒙文通先生所说的"黄老独盛压倒百家"的局面。

黄老之学始于战国盛于西汉,假托黄帝和老子的思想,实为道家思想和法家思想的结合,并兼采阴阳、儒、墨等家观点而成。田齐的治国方略中就出现"顺天道,法自然""合民所好,禁民所恶""重安居,利耕战"等基本原则,当然也不乏法家思想的影子,如"因时变,顺民情""慎其立,严其行"等。

5.1.1.4 道家的受挫

秦国统一中国之前,吕不韦组织人员编撰了《吕氏春秋》,此书以道家思想为主干,融合各家学说,显然,吕不韦想以此作为大一统后的意识形态。《吕氏春秋》大量吸收道家虚静无为之说,并把它运用于为君之道的政治理念中。书中有言:"君也者,处虚素服而无事,故能使众智也。智反无能,故能使众能也。能执无为,故能使众为也。无智,无能,无为,此君之所执也。""善为君者无识,其次无事。有识则有不备矣,有事则有不恢矣。不备不恢,此官之所以疑,而邪之所从来也。""天子不处全,不处极,不处盈。全则必缺,极则必反,盈则必亏。"《吕氏春秋》认同先秦道家"无为而无不为"的主张,它说:"大圣无事而干官尽能。""善为君者,劳于论人而佚于治事。"《吕氏春秋》认为这种表面的"无为",才能达到"事省而国治"的目的。相反,"人主好暴示能,好唱自奋;人臣以不争持位,以听从取容;是君代有司为有司也。"其结果必然是君臣职能倒置,造成混乱和危殆。应该说,《吕氏春秋》中的这些见解,来自于老庄而又发展了老庄。

但后来执政的秦始皇却选择了法家思想,并在统一中国后不久焚书坑儒,使包括道家在内的诸子百家受到压制。

这是道家自起源以来受到的第一次,也是相当严重的一次波折,历时虽不长,但其对道家思想的破坏是巨大的。

5.1.1.5 道家的辉煌

汉朝建立后,由于长期战乱的破坏,在反思秦朝统治思想的基础上,开始选择道家作为治国思想。汉高祖刘邦登基后,采用叔孙通的建议,恢复礼法,设三公和九卿,任用萧何为丞相,采取与民休息、清静无为、休养生息的黄老政策,鼓励生产,轻徭薄赋。汉朝初期并没有什么战事,百姓得以休养生息。

汉景帝刘启即位期间,继续采取黄老无为而治的手段,实行轻徭薄赋、与民休息的政策,恩威并施,恢复了多年战争带来的巨大破坏,使人民负担得到减轻,并对"文景之治"盛世的出现起了巨大的作用。

5.1.1.6 道家的受压

汉武帝执政后,采纳董仲舒的建议,"崇尚儒术",道家的发展暂时受到压制。汉武帝废除了汉朝"无为而治"的治国思想,积极治国,并采纳董仲舒的建议,开始重用儒术。尽管汉武帝时期兼用儒、法、道、阴阳、纵横等各家人才,汉朝也一直"霸王道杂之",但汉武帝时期对儒家的采用,使得儒家思想得到重视,并在以后逐渐成为中国历经两千年的主流思想。

5.1.1.7 道家的复活

魏晋南北朝时期,玄谈之风兴起,道家思想重新复活,不过这一次的重点不是黄老,而是对老庄的重新阐释,并形成了影响深远的魏晋玄学。此后老庄成为道家正统,一直延续至今。

玄学是魏晋时期一种主要的哲学思潮,是道家和儒家融合而出现的一种文化思潮,也可以说是道家之学一种新的表现方式,故又有"新道家"之称。

东汉末年至两晋,是两百多年的乱世。随着东汉大一统王朝的分崩离析,统治思想界近四百年的儒家之学也逐渐开始失去了魅力,部分士大夫对两汉经学的繁琐学风、谶纬神学的怪诞浅薄,以及三纲五常的陈词滥调普遍感到厌倦,于是转而寻找新的"安身立命"之地,醉心于形而上的哲学论辩。这种论辩犹如现代的沙龙,风雅名士(以嵇康、阮籍为代表,赫赫有名的"竹林七贤"恰是魏晋风度的化身)聚在一起,谈论玄道,当时人称之为"清谈"或"玄谈"。

5.1.1.8 道家的潜藏

魏晋南北朝后,虽然道家思想屡次成为大乱之后治国的急救包,也是部分士大夫失意之后的精神寄托,但它绝大多数时候处于边缘化状态,只能在文艺科技等方面继续发挥作用,另外,道家思想曾和佛教结合,形成了中国式的佛教——禅宗;而道家对儒家宋明理学和阳明心学的形成,也起过重要作用。

5.1.1.9 道家的复兴

晚清,随着西方的冲击,儒家统治秩序受到强烈冲击,再加上道家与西方自由民主等观念多有相合之处,故道家思想再次复兴。新道家这个概念是于20世纪初提出的,起初人们用它来指代魏晋玄学和秦汉时期的黄老道家。现在的新道家,主要指的是当代新道家,它是董光璧先生在《当代新道家》一文中首先提出的,在他的文章中,新道家指的是那些受道家思想启发作出卓越贡献的科学家,汤川秀树、李约瑟、卡普拉为"当代新道家"。

当代新道家后来也得到了陈鼓应等人的热烈响应,此后有唯道论、道商、天道自由主义、自化论等新的理论出现,其中像道商这样的理论还在实际生活中得到了应用和推广。宫哲兵先生进一步扩大了新道家的内涵,他认为凡是认同道,继承道家传统,在新条件下建立新体系并使之得到运用的人,都可称为新道家。还有人认为,凡是愿意按自己的天性生活,也不反对别人按自己的天性生活的现代人,都是新道家。

▶ 5.1.2　道家的主要流派

道家,中国古代主要宗教思想流派之一。其代表人物有老子、列御寇、庄子、慎到、杨朱、王诩等。道家思想的主要流派有老庄派、杨朱派和黄老学派。其中以老子和庄子为代表的老庄派以及黄老学派最为盛行。

5.1.2.1 老庄派

(1)老子。

老子在总体上倾向于治国方面。在人生观上,老子主张"清虚自守,卑弱自持";在政治上,提出"无为而治""以无为而无不为"。老子从自然的二元对立观念出发,颠覆了人们对传统价值的考量。

①老子的自然无为和自然哲学观。

和儒家宣称的"天"相比,"道"这个词的使用意味着老子持有一种无神观,凡指"天"大多意味着背后存在着一种意向性的、不可逆的力,这与道家的无为思想是相悖的。老子认为自然的运行是自发运行,是无目的的"道"的显现,一切有限存在诞生于非存在,并复归于非存在,这是道家哲学的巅峰之处。然而老子却以"玄之又玄,众妙之门"来解释这一主张。这意味着老子坚信自然的无为运行方式但无法考证它,因为对于自然的科学考察是与"无为"相对立的。但这并不意味着道家思想者不通晓同时代的自然观(自然哲学),老子在描述经验性的常识世界时也强烈关注自然的二元对立性质。

"无为",不能理解为无所作为。《淮南子・原道训》有言:"无为为之而合于道。"道家的"无为",是清静自守之义,是道家以"道"修身所要达到的"合于道"的理想境界,能达到这种理想境界便无所不能为("无为而无不为")。

②人类领域。

老子对人类领域有着深刻关怀。由于"道"存在于一切有限存在中,人类本身也便是自然的显现。人们拥有生命,可以品味生活,但同时也要随时准备毫无遗憾地离开它,对于"道"所带给我们的病痛、死亡都是有限存在的诞生和复归于无。对于生活方式,老子认为对于居住于"道"中同时又是"道"的显现的人来说,欲望应是相当简单和有限的,对于人本身的欲望,应该抛弃(不迷其中)。

然而现实是"道"在人类领域上发生了分离,老子将之归结于两个因素,一是文明的兴起(变化),文明使人在财富、权力、道德完善等方面有了新的目标(老子也被认为是原始主义者);二是人本身在道德层面上的堕落。

③政治领域。

老子的原始主义同样体现于政治领域,然而其并不是一种无政府主义,《老子》中有很多对统治者的建议和告诫,主张统治者要使人民不宜乱欲,使人民不去沉迷追求"仁义"而本身同时采取无为而治的方针。老子曾将政治分为四个等级:第一等,"不知有之",推行不言的教化,人民不知有治理者,各顺其性,各安其生;第二等,"亲而誉之",用道德感化人民,用仁义治理人民,人民都称赞执政者;第三等,

"畏之",用政教治理人民,用刑法威吓人民,人民都很害怕;第四等,"侮之",用权术伪诈愚弄,欺骗人民,人民会起来推翻它。

(2)庄子。

庄子是老子思想的继承与发展者,他的著作表现出他的思想涵盖了当时各种思潮,后人常将他与老子并称为老庄,是道家重要的代表人物之一。庄子具有非常显著的悲观主义,其思想主要关注生命,以修身为主旨,"内圣"的观念被庄子发挥到了极点,对中国的诗歌、绘画等许多艺术领域有着重要的影响。庄子在文学上也取得了相当成就,代表作《逍遥游》是先秦散文的巅峰作品之一。

①庄子之"道"。

庄子虽然也承认"道"是万物本源,但他的"道"和老子的"道"存在一定差异。老子主张"道"为非存在,并以自然显现出来,庄子的观点则不同。庄子在支持"道"是无(非存在)的同时,比老子更加关注"道"中关于"存在"的内涵。《庄子》中的"道"表现出了不可穷尽的多样性和创造性。庄子并不仅把"道"的存在归结于具有一定局限性的自然,他试图比老子更确切地描述不可描述的"道"。他不仅把着眼点停留于自然循环变化的规则,还将目光投向不可预测的、不能预期的变化。这种对于自然具有创造性的欣赏对后代也产生了相当大的影响。

②庄子的实在观。

《庄子》中记述了许多庄子好友惠施所提出的问题。先秦时期,以惠施、公孙龙为代表的名家引发了中国古代语言危机的高峰。他们提出的诸多悖论引起了关于存在的广泛关注,影响了当时与后人思考世界的方式。庄子也受到了名家思想的影响,他肯定事物的有限实在性,"夫言非吹也,言者有言"(说话并不等于吹气,毕竟说出了某些东西)。即假如语言没有被日常虚假意识或者成见之类影响,语言也许可以与事物本体表现一致。庄子认为语言可以说出东西,但无论从道德层面还是知性层面都不能以对或错的方式来谈论事物。只有在非存在的条件下,所有存在和关系才能找到本源。日常经验性的世界,是一种有条件的实在,从根本上讲是空的(这和佛教的哲学观有一定的相似之处)。和老子对于伦理上的偏好不同,庄子主张以一种审美的、艺术的角度而非科学的态度来观察世界,所以他对于自然世界的有限存在表现出了绝对意义上的价值中立。

③人类领域。

庄子同样试图回答关于"道"在人类领域中发生分离的问题。和老子所具有的原始主义,试图使人们从高等文明的扭曲环境中解脱出来不同,庄子的哲学思想中,人类意识的病态是与生俱来的,不存在任何原始主义的解决方案。

庄子的人生哲学强调"齐物"和"逍遥"。庄子认为人类意识的病态使人们将注意力聚集于变幻无穷的周边世界,人们的喜好厌恶,对错是非观通过各种形式变得固定起来,即便人正在与周边世界的有限存在一样步向死亡也仍然执迷不悟。这就是"齐物"思想的起源,即对所有有限存在的绝对公平认识,超越事物间的差别,避免用是非、大小、好坏等主观倾向看外物,打破人以自我为中心的精神限制,达到万物齐一的境界,这是庄子哲学的巅峰之处。庄子深刻地认识到人与其他自然万物不同,只需要互相贬斥对方是"错误的",就能对同一件事有完全不同的意见(当时儒家与墨家间的冲突便是最好的证据,庄子对此表示了相当的失望),然而同存于"道"中,又有什么能是"正确"或"错误"的呢?

如果能做到"齐物",那么人便能达到"逍遥"的境界。这是庄子哲学中另一个重要概念,这是个体精神解放的最高层次,即无矛盾地生存于世界之中。庄子的解放,是主观形态的解放,他并不否认矛盾,只是强调主观上对矛盾的摆脱。庄子用"无为"来解释这一术语,与老子不同,这里的"无为"不是一种政治原则,是指心灵不被外物拖累的自由自在,无拘无束的状态。这种状态,也被称为"无待",意为没有相对的东西。这时,人们抛弃了私心、功名利禄,彻底置身于宇宙之中。"乘天地之正,而御六气之辩,以游无穷",被普遍认为是《逍遥游》一篇的主旨,同时也是《庄子》一书的主旨。这是一种心与"道"合一的境界。庄子在人类领域的关怀存在极强烈的现实感。对于生活中的欺压、纷争、污浊,庄子有着深切感受和极端无奈,所以他的人生哲学容易被现实生活中的失败者接受。

5.1.2.2　黄老学派

黄老学派是战国时期主流道家学派。"黄"意指黄帝,"老"意指老子,黄老学派则意为以黄帝为依托,发扬老子思想的一个学派。该学派的思想与老庄思想有着显著区别,在某种程度上存在分歧,这个学派的重要特征是和法家有着紧密的联系。

(1)黄老学派的思想起源。

战国时期,受到道家思想的影响,在当时诸如儒家、墨家、名家、法家等各派中产生了一群特殊人物,他们本身都带有如下一种道家气质:不受所处社会环境中虚假善恶观念的影响。《荀子·正论》有言:"人之情欲寡,而皆以己之情为欲多。"他们可以忍受这个世界加给他们的侮辱和谩骂,因为他们知道,这些侮辱并不能玷污他们真正的尊严。他们内在的对于世界的冷漠无情中,具有一种和老子、庄子一样深刻的精神独立性。这种内在的宁静最终产生了像慎到这样特殊的人物,慎到同时被归为道家和法家的代表人物。

(2)黄老之"道"。

司马谈曾这么总结黄老学派:"以虚无为本,以因循为用。"由于黄老学派将"道"作为一种工具,那么这种和"无为"有相抵触的概念的"道"必然和老子、庄子的"道"存在不同之处。

(3)黄老学派的政治主张。

黄老学派不同意老子原始主义的观点,政治秩序被同样认为是"自然"的。慎到持有这样的观点:制度和文明本身就是"道"的具体表现。这是由于慎到本身内心宁静,没有偏见,不带价值判断,他完全不受制于他人的生存状态,才最终得到了"法"是"道"的终极体现这样的观点。慎到主张"贤未足以服众,而势足以屈人"(贤人并不能说服很多的人,但一个有权势的职位足以使他人屈服)。这是和法家先驱申不害的"术"不同的。所以黄老学派的政治主张为"君无为而臣有为",君王只有依赖其下属的目的性活动(有为)才能维持其本人的无为。

▶ 5.1.3 道家的价值取向

道家认为,"无为"具有至高无上的价值,老子说:"人法地,地法天,天法道,道法自然。"(《道德经》第二十五章),说的就是人、地、天、道都要效法自然,顺应自然,都应处于不受外力干涉、不受外在束缚的自然的状态,认为自然无为的态度;状态和境界对于人的生存和发展具有绝对的意义。

5.1.3.1 "自然无为"乃保身之则

道家历来重视生命的价值,"贵以身为天下,若可寄天下。爱以身为天下,若可托天下"(《道德经》第十三章),主张对待生命应该自贵自爱,反对轻生残体。而要真正达到全生保身的目的,只有采取自然无为的态度;主张养生之道,即顺其自然,恬淡无为;主张"养神",提出通过"守一""守舍""心斋""坐忘"等方法来达到"淡而无为,动而以天行"(《庄子·刻意》)的目的。

5.1.3.2 "自然无为"乃人性之源

道家认为,人的本性是朴素无欲、纯朴无华、淡漠无求的,如同婴儿一般纯真,如天地一样自然,而后来由于知识、智力、欲求、财务等一些外在的东西,丧失了人的自然本性,于是贪欲、争夺、自私、欺诈等愈演愈烈。面对这种现象,老子主张"复归于朴""致虚极,守静笃,万物并作,吾以观复"(《道德经》第十六章),认为只有在待人接物、为人处世上都遵循自然无为的原则,人的本性才能恢复到"见素抱朴""敦兮其若朴"的自然状态。

5.1.3.3 "自然无为"乃自由之所在

道家重视人的精神自由,视精神自由为一种崇高的理想境界。道家提倡的精神自由主要有两个层次,一个是相对的自由,另一个是绝对无限的自由。相对的自由要通过发挥人的自然本性来达到,而绝对无限的自由则必须超越物物的差别和物我的差别,达到万物一体,与大道同一。在庄子看来,自然无为是现实的起点,而精神的自由则是理想的终结。

5.1.3.4 "自然无为"乃治世之本

在道家看来,治理天下的根本原则就是"无为而治"。庄子说过:"无为也则用天下而有余,有为也则为天下用而不足。"(《庄子·天道》)道家无为而治思想主要包括两个方面:一是坚守大道,不怀私欲,不用私智,即统治者和百姓都应遵循自然之道,无知无欲,天下就能长治久安;一是顺应民性,不强加干涉,即让百姓自然而然地生活,这样百姓才能安居乐业。

▶ 5.1.4　道家的主要思想

道家主张"顺其自然",认为法律是对人类的束缚,要全部舍弃;法家则主张要用法律去惩治人,认为人类本性顽劣,要用权威去治天下。

5.1.4.1　道家的核心思想

道家虽然有学派之别,但就其主旨来说是相通的:以"道"为本,自然无为。

道家的核心思想是"道"。老子曾在其著作中说:"有物混成,先天地生。寂兮!寥兮! 独立而不改,周行而不殆,可以为天地母。吾未知其名,强名之曰道。"(《老子》第二十五章)老子提出"道"是宇宙本源,也是统治宇宙中一切运动的法则。这一观点得到后来道家所有流派的支持,成为道家最核心思想。各派对"道"的理解有一定差异,但在我国哲学史上,通过"道"的概念对世界万物本源进行了第一次探讨,开辟了我国讨论形而上学的先河。这是道家突出的贡献之一。

"道"与万物的关系,就静态而言,"道"是一切人、物共同存在的最终保证,是最高的价值,是终极性的价值根源;就动态而言,"道"是秩序的凝构及其动力,是"造化"或"造化力",是使万物得以相生、相续、转化、发展的实现性原理。道家认为,天地万物虽然形态各异,但其本源相同。"天地与我并生,万物与我为一。"(《庄子·齐物论》)因此,人们应充分认识并尊重自然界规律,让宇宙万物"自足其性"。个人与社会也是共生互存关系,修道不仅要"度己",而且要"度人",以各种适宜的方式,图世界共同的利益。

5.1.4.2　道家的主要主张

(1)"天人合一"——人与自然的和谐关系。

"道"的意义不仅在于自然生态和谐统一,更在于人与宇宙的和谐统一,在于生命的主体和自然的客体在生态学和美学基础之上,实现"天人合一"的生态美的合理结合。我国传统哲学里的"天人"关系实际上是指人和自然的关系。我国传统文化特别强调人与自然的亲和与协调,追求"天人合一"境界,自然界自然而然,人只有遵循自然的法则,合乎自然的要求,才能为自然界所接纳。在天之道与人之道的对比中,认为应该舍弃"人之道"而崇尚"天之道",保持天地自然的均衡与和谐,以获得"天人"之亲和,而人也必须遵循自然的法则才能发展。"天道""地道""人道"之本是"生态"之道。

(2)"致虚守静"——身与心和谐的生命超越精神。

道家主张把个体的自然存在和精神自由置于一切外在的附加物之上,走出人生的困境,挣脱"物役"的束缚,追求个性解放和自由人生。老子主张"返璞归真",认为人的生命存在要与自然沟通,节制和超越物质欲望,不让尘世的喜怒哀乐扰乱自己恬淡自由纯洁的心境,自始至终保持自己的天性。老子提出"致虚极,守静笃"的修道方式。在庄子看来,人生的第一要义就是自由,而现实社会中的仁义道德、世俗价值、名位利禄、政教礼法等都是束缚人、奴役人的藩篱。庄子为达到"圣人无己,神人无功,圣人无名"的自由境界,明确提出"坐忘""守道"。他首先阐释了生态人的内涵。人之生态首先是"无乐""至乐无乐"。"无乐"即不为利禄、名声、富贵等外物所牵累的一种平常心,是一种放弃名利、一切顺其自然的自然之情。自然之情乃人之常情,无所谓快乐与不快乐,安适、恬静、自然,"无乐"才是人的自然常态。人应恬然淡泊、清静无为、顺其自然,诗意般生活在世上。庄子提倡"见素抱朴""粗茶淡饭"的节俭生活方式,"知足常乐",保持内心的安宁平静;提倡个人要与社会无害亦无争,从而在个人与宇宙自然的大范围内实现和谐交互。

(3)"无为而治"——社会生态观。

老子如是理解天道:"人法地,地法天,天法道,道法自然。"老子说:"为无为,则无不治。"(《老子》第三章)道家提出的"无为而治",其基本含义一是因任自然,二是不恣意妄为。因任自然,是说统治者治理国家应当遵循自然的原则,让人民自我化育,自我发展,自我完善,政府的职责在于辅助人民,使其充分自由自在地活动,如此,人民自然平安富足,社会自然和谐安稳。老子的理想社会是"小国寡民,使有什伯之器而不用,使民重死而不远徙;虽有舟舆,无所乘之;虽有甲兵,无所陈之;使人复结绳而用之。甘其食,美其服,安其居,乐其俗;邻国相望,鸡犬之声相闻,民至老死不相往来。"老子的理想社会是一个无剥削、无压迫,按着自然规律发展的和谐社会,民众不受干扰,人间无猜忌,无矛盾,无冲突,自由平等,人民各尽其性,各安其事,各得其所,整个社会安泰和美,其乐融融。

(4)关照自然、物我一体——审美观。

道家的审美观,超脱于美丑、善恶、生死、是非等种种世俗观念。在人与自然融合的理念下,提出了观照自然、物我一体的审美观。在庄子《逍遥游》《秋水》《知北游》等著名寓言中,在作为审美对象的无限广阔的大海与天地面前,人显得极为渺小。只有在忘掉自身一切感受、利害、得失、是非、祸福等以后,才能够与万物一体而遨游于天地;在把自己融入"天地之大美"时,得到真正的审美愉悦。没有受到任何世俗的东西污染的"天地之大美"才是"真美""纯美"。这是摆脱了所有功利意识的审美观。

从相对主义和不可知论出发,道家庄子的关照自然、物我一体的审美观对人们的美丑判断力是持怀疑态度的。他把美的最终裁判权交给了自然,完全已经超越了美丑对立的观点。在《庄子·山木》中,庄子提到了一个逆旅男子,有一美一恶(丑)两位小妾。而在这个男子心目中,不以恶者为丑,不以美者为美。阳子问其故。他自己的解释是:"其美者自美,吾不知其美也;其恶者自恶,吾不知其恶也。"在《庄子·秋水》中,庄子提出了"子非鱼,安知鱼之乐?"与"子非我,安知我不知鱼之乐?"这样的争论,意在表明审美问题是无法争辩的。这种相对主义观点,实际上也就消除了美丑的差别。庄子在审美观上的抹杀美丑之别的主张,并不意味着他完全消解了美丑问题。庄子寓言中,表现出这样一种审美倾向:精神美高于一切,外表美无关紧要,往往越丑越美。寓言中的许多人物,丑得令天下人惊骇,奇形怪状,不堪入目,但庄子认为这些人美不可言。因此,其在审美观上与儒家又有了一种共性:道德内涵的完善与否比外表的美丑更重要,精神美可以抵消外貌的丑,得道可以化丑为美。

5.2　道家的生态思想与当代大学生生态道德教育

▶ 5.2.1　道家的生态思想

5.2.1.1　"天人合一"的生态世界观

"天人合一"的生态世界观是老子生态伦理思想的基础。老子构建了以"道"为最高实体的世界观,体现了"天人合一"的生态思想。

(1)天人相通。

在老子看来,自然界中天、地、人三者是相应的。老子曰:"故道大,天大,地大,王亦大。域中有四大,而王居其一焉。"(《老子》第二十五章)"域"中有天、地、人,天、地、人三者并立,有天有地有人,有自然界,有人类社会,因此可以理解为整个地球生态系统。老子曰:"人法地,地法天,天法道,道法自然。"(《老子》第二十五章)老子认为,人、地、天都要效法道,而道要效法自然。这表明人来自自然,是自然的一部分,人与自然是一致的与相通的,因此一切人事均应顺乎自然规律,达到人与自然和谐。"天人合一、天人相通"思想体现了人与自然的和谐,是生态伦理学的基本思想。

(2)万物平等。

老子提出了宇宙万物的生成模式和阐述了"道"在这一过程中所起的作用。老子曰:"道生一,一生二,二生三,三生万物。"(《老子》第四十二章)"道"为宇宙本源,是万事万物的根本,天地万物都是由"道"化生而来。在老子看来,天地万物都是以"道"为其最大的共性和最初的本源的有机统一体。王泽应提出:物有万殊,"道"归一本。盖一本通于万殊,万殊由于一本。"道"生万物,养育万物,使万物各得其所,各适其性。天地万物作为"道"的产物均是与道为一、天然平等的。人与万物同质同源,天然平等,没有任何特殊权利以优越者自居。因此人类对万物要平等视之、平等待之。

(3)万物相系。

人与自然和谐统一,天地万物自然平等,那么在自然的秩序中,宇宙万物是怎样维系的呢? 老子曰:"天网恢恢,疏而不失。"(《老子》第七十三章)老子认为,大自然的构造是由万事万物的互相影响、互相作用、互相制约而生成的一张生态之网,这张网虽然网眼稀疏,却没有缺失。这体现了一种万事万物是普遍联系的观点,和马克思主义关于世界是普遍联系的基本观点是一致的。这种从普遍联系中来考察自然界、明了自然的生存法则以确定人类行为方式的思维,正是实现人与自然和谐共生的前提条件。

天人相通、万物平等、万物相系的思想构成了老子"天人合一"生态世界观的基本内容。这些思想应用于人与自然关系的处理上,就是要破除以人类为中心的观念,把人与天地万物的关系视为彼此平等、互相影响的关系。人是自然的一部分,人不能脱离自然而存在,因此应该热爱自然、保护生态环境,最终达到人与自然和谐相处的状态。

5.2.1.2 "见素抱朴,少私寡欲"的生态价值观

价值观是决定人的行为的心理基础。老子"天人合一"的生态世界观决定了其"见素抱朴,少私寡欲"的生态价值观。

(1)知足寡欲。

老子认为,人皆有欲望,一切社会冲突和人际纠纷都是因为人的欲望太多,人们在争相满足欲望的过程中自受其苦,社会也因此而深受其害。要解决这些问题,老子认为人应"知足寡欲"。老子曰:"罪莫大于可欲,祸莫大于不知足,咎莫大于欲得,故知足之足,常足矣。"(《老子》第四十六章)世界上罪过莫过于行私纵欲,祸患莫过于不知道自我满足,灾难莫过于贪得无厌,只有知足知止,知道满足,才会永远感到充实满足。老子又曰:"甚爱必大费,多藏必厚亡。故知足不辱,知止不殆,可以长久。"(《老子》第四十四章)贪得无厌、过分地索取某种东西必然招致重大的耗费,过多地贮藏也必然招致更多的亡失。知道满足的人不会受到屈辱,知道适可而止就不会带来危险,这样就可以保持长久。因此人类应该认清事物自身所固有的

限度,适度地开发和利用自然资源,"知足、知止",把开发自然资源同保护自然资源有机结合起来。

(2)去甚、去奢、去泰。

老子认为人应"知足寡欲",因为只有知足带来的满足,才是真正的满足。故其曰:"是以圣人去甚、去奢、去泰。"(《老子》第二十九章)老子主张戒除极端过度、戒除奢侈,回复自然常态,提倡过简朴的生活。老子认为过度的物质追求不符合自然之道,而且并不会给人类带来真正的幸福。老子曰:"五色令人目盲,五音令人耳聋,五味令人口爽,驰骋畋猎令人心发狂。难得之货,令人行妨。是以圣人为腹不为目,故去彼取此。"(《老子》第十二章)老子认为,沉醉于声色犬马和口腹物欲会使人神昏意乱,使身体的感官和灵性受损。因此应该舍弃繁华奢侈,选取醇厚朴素。老子的主张和现代生态主义者的消费主张是类似的,生态主义者认为物质消费只是达到幸福生活的必要条件和重要手段,在满足基本需要之外追求过度的物质消费,不仅会给人类带来灾难,也会大大降低人的生存境界。

知足寡欲、去甚、去奢、去泰的思想构成了老子"见素抱朴,少私寡欲"生态价值观的基本内容。这些价值观思想用于指导人们的行为,就是要让人养成积极的生态道德行为习惯,尽可能的低碳生活,即过简朴的、简单的生活。

5.2.1.3 "自然无为"的生态方法论

在生态世界观和生态价值观基础上,老子对生态系统的性质和规律所作出的适应性行为选择就是无为。"自然无为"的生态方法论是老子生态伦理思想的关键。老子曰:"道常无为而无不为。"(《老子》第三十七章)因而人之"德"作为对"道"的遵循,也必须无为。

(1)依道而为。

在《老子》中,"无"即是道。老子曰:"无,名天地之始;有,名万物之母。"(《老子》第一章)可见老子把虚无作为天地的原初状态,而把存在的事物称为万物的母体。老子曰:"道生一,一生二,二生三,三生万物。"(《老子》第四十二章)道是万事万物的根本,"道生一",这个"道"就是"无"。既然在《老子》中"无"即是道,那么"无为"的全解应该是依道而为。"无为"是依道而为,那么"道"是怎样进行活动呢?老子提出了"道法自然"的著名命题。老子说:"道大,天大,地大,王亦大。域中有四大,而王居其一焉。人法地,地法天,天法道,道法自然。"(《老子》第二十五章)老子认为,人、地、天都要效法道,而道要效法自然,因此依道而为即是遵守自然界的法则,循自然规律而为,不妄为。

(2)无为而治。

无为的真正内涵是什么?老子曰:"无为而无不为。取天下常以无事。"(《老子》第四十八章)"道常无为而无不为,侯王若能守之,万物将自化。"(《老子》第三十七章)可见老子认为"无为而无不为"。从本体言,"道"是无为;从作用言,"道"又是无不为。老子的"无为"不是消极的,"无为"的效果是"无不为",在老子看来,"无为"是一种处事的态度和方法,而"无不为"是"无为"要产生的效果。正如《〈老子〉·第六十四章》所说,"辅万物之自然。"人要发挥主观能动性,要有所作为,但是必须要顺应自然,"自然"和"无为"是联系的。由此可见,老子主张通过顺应自然而为来达到目标,达到"无为而治"的效果。

依道而为、无为而治的思想构成了老子"生态方法论"的基本内容。这些思想启示我们对待自然生态要以无为的态度达到无不为的效果。人的创造活动应当顺应自然,遵循自然的客观规律,不能不顾自然生态的承载能力,为了一己之利破坏生态自然,损害子孙后代的利益。

▶ 5.2.2 道家生态思想对当代大学生生态道德教育的启示

5.2.2.1 对教育目标的启示

道家思想中无论是圣人标准还是终极追求的理想人格,都有着一定的积极意义。"上善若水""返璞归真""尊道贵德"等观点是对万事万物的理解,也是理想人格的标榜,它们蕴含了一定的与自然相处的道德要求,对我们当前大学生生态道德教育目标的设定有一定的启示意义。"水善利万物而不争",在老子观点中水是最高的标准,是和谐共生的一个重要部分,"居善地,心善渊,与善仁,言善信,正善治,事善能,动善时",水的七种特性是万物和谐之道,也内在地折射出圣人的高贵品质,仁爱万物,利而不争,主动奉献,不求索取,这才是"上善"之人。践行老子的"上善若水",就要在当前大学生生态道德教育中增强生态道德认知、培养生态道德情感,继而达到人格的丰满和完善。同样的,老子"返璞归真"诠释的是一种本初状态的精神境界。在大学生生态道德教育目标中借鉴这一合理成分,就是要保持社会发展与自然同步的原生态节奏。老子的这些思想精华都与生态文明所呼吁的"生态人"思想基本相同。"生态人"是继"自然人""道德人""经济人"之后新型价值观念要求的形态。它要求有万物平等的生态情怀,有践行规律的自觉意识,有尊重自然、崇尚"返璞归真"的价值取向,"生态人"是新时期大学生全面发展所应具备的基本素质,而老子所呼吁的圣人标准与此十分相似,是当前大学生生态道德教育的有益补充。

在环境问题日益严重的背景下,培养大学生生态价值观念十分重要。以老子思想为鉴,秉持"尊道贵德"思想中非人类中心主义意蕴,认为万物依"道"而存,各具本性即"德",万物尊"道"即可实现自身价值,这就要求要认识到人是自然的一部分,要尊重世间万物的内在价值,依自然法则行事,不仅要从自身出发形成内在的生态情感和动机,尊重自然、关注自然,而且要有外在的价值取向和实践行动,理性且自觉地处理各种人与自然的关系,进而形成新型道德主体。

面对日益严重的生态危机,除了需要人类道德的约束更需要内在的价值信念来主导。对大学生生态价值观念的培养,是对经济发展中人类中心主义的超越,借鉴道家思想精华有助于大学生对人与自然关系的重新认识和理解,体悟人与自然和谐相处的道德行为方式,这样的价值观念使我们能够以发自内心的自律外化为理性行为,进而实现人与自然的和谐相处。

5.2.2.2 对教育内容的启示

在人类漫长的历史发展中,西方人类中心主义与非人类中心主义占据了不同地位,而我国传统文化中关于"天人合一"的理解有着合理的内核,这些思想是大学生生态道德教育宝贵的理论来源。地域文化中富含丰富的生态思想,是我们进行大学生生态道德教育和地域文化教育的不竭源泉。对大学生进行生态道德教育,一方面,要重视、挖掘传统文化中的生态思想。古往今来,道家一直被赞誉为极具自然主义意蕴,诸多观点时至今日依然适用,强调将自身置于自然,是一种自然主义的倾向。另一方面,要结合传统文化进行新生态观教育。传统文化思想中有着对自然的认识,这些认识在当今时代仍有合理的部分,必须以传统文化为契机加强新的生态观教育。比如老子的"知止不殆",主张适度、适可而止才能长久,这与可持续发展观所倡导的精神实质极其相似。传统发展中不断向自然索取,以自然资源的消耗来助推经济的发展,长此发展势必影响人类整体利益;可持续发展强调发展不等同于经济增长,要适度、要符合生态经济的总体要求,这些正是"知止不殆"所传递的思想。而"少私寡欲"是一种绿色消费的主张,无限膨胀的欲望不符合自然的本质,会带来一定的灾难。

5.3　道家德育思想在当代大学生思想政治教育中的价值审视

▶ 5.3.1　任物自然的德育方法

道家并不经常直接论及教育问题,但就如何来达到道家理想的社会道德教化目标,自有其独特的思路。

5.3.1.1　主张"不言之教"

老子很推崇"不言之教"。他说:"圣人处无为之事,行不言之教。""不言之教,无为之益,天下希及之。""不言而善应。""不言"而能"教化"。老子所说的"不言",一般是指"不立声教法令",但唐玄宗的解释是:"言出于己,皆因天下之心,则终身言未尝言,岂非不言之教耶。"这是说,"不言之教"的真正意思是顺应人心。老子这个主张的真意是:他不赞成以规范进行约束性教育,认为礼是"乱之首",智则"出伪",要绝圣弃智;他更不赞成以法令进行强制性教育,"民不畏死,奈何以死惧之",反对重刑、重法,以强力进行抑制和干预。这都是说要尊重教育对象,顺其本性,顺其自然,把教育对象置于自然状态,才能取得教育的最佳效果。

5.3.1.2　主张"致虚""守静"

道家十分注重教育心理,主张为学者应善于自我心理调节。老子认为人应以虚待物,要"致虚极,守静笃"。静是万物生长繁衍的前提条件,其实质是要人凝敛内在生命力,拓展精神空间,净化心灵,排除心理蔽障,以虚静的心境去直观把握客观事物的本质。虚则人际关系分离,物我两忘,既没有主体的感情的因素和经验的成见,也摆脱了周围环境的干扰,这是观察事物、判断事物的最佳心境。要通过"静观""玄览"去认识一切,才能"正""明"。可见,一个人的心理状态与其情感判断、理性判断关系密切,保持"虚静"这种良好的心理状态,是达到最高道德境界的心理基础,也是道德的具体表现,用韩非子的话是"思虑静,故德不去"。

5.3.1.3　主张"顺物自然"

庄子说:"顺物自然而无容私焉,则天下治矣。"道家道德教育的基本思想是顺化,顺其自然,人各遂其愿。司马谈曾较好地概括了道家的思想方法,"与时迁移,应物变化",即因性任物,与时迁移,可则因,否则革,穷则变,变则通。要承认内在的动力是主体,人的思想进化的根本原因在内在的动力,要依靠内在的动力,"自正""自朴""自化",达到人性的完善境。要承认人的差别性,对象不同,其思想起点与进化途径也是不同的,要区别对待,应物变化。要承认时间、环境对人的影响是不同的,要"动善时",行动要善于掌握最佳时机,竭力主张"常"中有"变",富于辩证法。

5.3.1.4　主张"贵柔"

道家认为,解决社会不道德问题,人要以柔性处之,认为"守柔曰强",主张"以天下之至柔,驰骋天下之至坚",列子也以"柔"为"常胜之道"。贵柔是道家的一个重要策略思想,其内涵丰富。第一,柔,代表生机,是生命力的象征,认为"柔弱者生之徒""人之生也柔弱""草本之生也柔弱"。柔弱代表新生的力量。第二,贵柔即重积德、重渐进。老子说:"重积德则无不克。""千里之行,始于足下。"《淮南子·缪称训》更有言:"积羽沉舟,群轻折轴,故君子禁于微,一快足以成善,积快而后德,一恨足以成非,积恨而后怨。"贵柔主张厚积薄发,不恃刚凌物,表现为坚韧性、持之以恒,以恒性求恒德,如水滴石穿,极度有耐性,"积于柔则刚"。第三,贵柔是灵活性的表现。用《韩非子·解老》的话说,即"柔弱随时,与理相应。"灵活变通,随机而处,富有弹性,可伸可屈,因势而导即柔。第四,贵柔也即承认模糊性。老子认为"有物混成""道之为物,惟恍惟惚,惚兮恍兮,其中有象,恍兮惚兮,其中有物,窈兮冥兮,其中有精"。精神、物质、表象,很多处于也是也非的模糊状态,难作或是或非的断然而论,只宜模糊处之,不执着于是非的争论。庄子主张"齐是非""齐物我""齐善恶""不遣是非,以与世俗处",这种模糊哲学无论在精神领域还是物质世界,很多时候都是适用的,这也是道家教育思想切合实情以求实效的高明之处。

▶ 5.3.2 "不争""无为""宽容"的道德理想

道家多出史官,对历代兴亡多有研究,因此,对社会盛衰十分敏感,其社会伦理观念和社会德育目标有很强的政治色彩和哲学意蕴,内涵丰富。

5.3.2.1 社会之德——不争

和认为生存竞争是宇宙发展的根本法则的观点相反,道家竭力推崇的是"不争之德",道家最理想的社会道德风尚就是"不争"。老子研究了自然界,认为"天之道,不争而善胜"。还举例说:"水善利万物而不争",还讲道"天之道,利而不害",可见,要"善利万物""利而不害",就要"不争",即尊重自然发展规律,不妄动,不强横,不人为地强力干扰,这是一条重要的自然进化法则;同时也研究了人,认为"人之道,为而不争","不争"即不武不怒,不逞强,不暴戾;不自是,无争于人;不争利,无争于民;不争战,无争于世,这样才有利于社会发展。所以在老子看来,天道,利物;人道,施为。人道与天道一样,利物,利民,不害,不争,才是最高道德。老子还认为,为人"不争",善于涵容万物,才能成为强者,"夫唯不争,故天下莫能与之争""以其不争,故天下莫能与之争","不争"是取胜之道。老子主张以曲求全,以退求进,"曲则全,枉则直",这都是很有哲理深度的。道家的社会道德理想反映了社会安定的要求,"邻国相望,鸡犬之声相闻,使民至老死不相往来",恬淡平静,安居乐业,相安无事。也反映了社会平等的愿望,"族与万物并,恶乎知君子小人哉",社会不分君子、小人,一律平等。

5.3.2.2　为政之德——无为

和儒家主张"事必躬亲"相反,道家主张垂拱无为,以之为行政的美德。无为即任自然,任物之性而辅助之,老子说:"辅万物之自然而不敢为。""不敢为"即不"乱其常","不先物为"。庄子竭力阐发无为思想,认为天无为以之清,地无为以之宁,故两无为相合,万物皆生,万物职职,皆从无为殖,天地无为是万物繁衍发展的最佳条件。治国治民也一样,"大圣无事而千官尽能"。道家无为,不是不参与,不是无所作为的消极思想,而是指不以私情临物,不妄伸意欲,不以私心入公道,不以嗜欲枉正术,循理举事,因资立功,权自然之势,非谓感而不应,攻而不动,这是道家无为思想的重要内涵。同时,道家无为还指因势导物,"安时而处顺""适动静之节,省思虑之费",所以无为,也即不妄为,禁止一切反自然的行为。无为的反面是有为,用刘安的话说:"用己而背自然,故谓之有为。"所以无为即不用私心,不逆物理,给人以自由度,给人以发展空间,与民休息。唐朝政治家魏征就十分崇尚无为的政德,说:"无为而治,德之上也。"他身体力行,成为中国历史上著名的治国能臣。

5.3.2.3　应世之德——宽容

人应如何面世,几乎是所有道德论者都要回答的问题。宽容大度是儒、道、佛共同推崇的道德理想。儒家讲恕,佛家讲忍,都是讲要待人以仁慈和宽厚,同情弱者,宽容人过。老子标榜他以"慈"为宝,主张对人以德以善,不计恩怨,"报怨以德""执左契而不责于人",反映了道家对调和社会矛盾的主动精神。老子主张以百姓之心为心,要尊重别人。"圣人不伤人。""善者吾善之,不善者吾亦善之。"为人处世,不宜构怨于人,而且要以德解怨。道家认为有容乃大。"受国之垢,是为社稷主,受国不祥,是为天下王。"能容人容物,能忍辱忍垢,才能为主为王。要人心若谷,能包容一切。

5.3.2.4　修身之德——谦卑

教育家都主张修身,以为人范。道家也非常强调自修,把谦卑作为自修目标。"卑让,德之基也。"《周易·谦卦》有言:"谦谦君子,卑以自牧也。"君子以谦卑养德,是儒家、道家的共识,它们都主张自谦,谦逊自处,谦容万物。儒家讲"克己",自觉约束自己,道家更进一步,讲"无己",即自然超越自己,无私无欲,才能"无己",才能超越。道家主张谦下居后,含藏内敛,不显山露水,不为天下先,临事不骄不躁,为而不恃,功成则"弗居""身退""不有""勿矜""勿伐""勿骄"。《道德经》中往往以低谷、江海来譬喻谦容之美德,如江河能汇集百川。"以其善下也。""圣人之欲上民也,则必以其言下之,其欲先民也,必以其身后之。"要"言下""身后",才能"上民""先民"。可见道家的道德实践的重要原则是谦卑。老子认为"贵以贱为本,高以下为基",要求尊重人,特别是尊重下层人,这一点班固曾有所称道,说它"合于尧之克攘(让),易之嗛嗛,一谦而四益,此其所长也"。

▶ 5.3.3　以道为本,唯道是从的德育纲领

道家思想中道德教育理论的核心是"道",道家全部的思想都是建构在以道为本的哲学思想基础之上的,我们研究道家的德育思想必须着眼于道论,在道论中体会道家德育思想的博大精深。

在老子看来,是最有生命活力的,道是世间万事万物之源,能生万物。"道生一,一生二,二生三,三生万物。"(《道德经》·第四十二章),因此道也是道家宣扬思想道德教育的根本。

道家主张以道御德,"执古之道,以御今之有"(《道德经》·第十四章),这也就是讲应该执古御今,以道御德,对天地万事万物都应以道的观点观之,只有用道的标准,把天地间的万物看成是平等的,才能看清楚事物的本质所在。"以道观之,物无贵贱;以物观之,自贵而相贱;以俗观之,贵贱不在己。"(《庄子·秋水》)这是说在审视人生的时候,应该放弃个人和世俗的偏见,站在"道"的高度去观察事物、审视人生。

　　"道生之,德蓄之,物形之,势成之,是以万物莫不尊道而贵德。"(《道德经》·
第五十一章)这就是尊道贵德。在道家看来,道德教育就是把天道转化为人道,使
人道符合天道,这样一来所有人都可以成为圣人,做人做事必须以道为纲,唯道
是从。

第6章

墨家文化与当代大学生思想政治教育的融合

6.1　墨家文化的发展与思想

▲

▶ 6.1.1　墨家文化的发展

墨家是中国产生于战国时期的哲学派别,诸子百家之一,与孔子所代表的儒家、老子所代表的道家共同构成了中国古代三大哲学体系,法家代表韩非子称其和儒家为"世之显学",而儒家代表孟子也曾说"天下之言,不归杨(杨朱,道家代表人物)则归墨(墨子)"等语,证明了墨家思想曾经的辉煌。杨墨本互补,然古往今来人们都以孟子"距杨墨"的一般思维方式评价杨墨,这是有失公允的。

墨家的创始人为墨翟(墨子)。墨家是一个纪律严密的学术团体,其首领称"巨子",其成员到各国为官必须推行墨家主张,所得俸禄亦须向团体奉献。墨家有前后期之分:前期思想主要涉及社会政治、伦理及认识论问题,关注现世战乱;后期墨家在逻辑学方面有重要贡献,开始向科学研究领域靠拢。

墨家的社会伦理思想以兼爱为核心,提倡"兼以易别",反对儒家所强调的社会等级观念。它提出"兼相爱,交相利",以尚贤、尚同、节用、节葬作为治国方法。它还反对当时的兼并战争,提出非攻的主张。它主张非命、天志、明鬼,一方面否定天命,同时又承认鬼神的存在。前期墨家在认识论方面提出了以经验为基础的认识方法,主张"闻之见之""取实与名"。它提出三表作为检验认识正确与否的方法。三表即"上本之于古者圣王之事",即以历史记载的古代圣王的历史经验为依据;"下原察百姓耳目之实",即以众人的感觉经验为依据;"废(发)以为刑政,观其中国家百姓人民之利",即以政治实践的结果是否符合国家和人民的利益。这是我国哲学史上最早提出的关于真理标准的命题,对后世产生了重要影响。

后期墨家分化成二支:一支注重认识论、逻辑学、几何学、几何光学、静力学等学科的研究,是谓"墨家后学"(亦称"后期墨家"),另一支则转化为秦汉社会的游侠。前者对前期墨家的社会伦理主张多有继承,在认识论、逻辑学方面成就颇丰。后期墨家除肯定感觉经验在认识中的作用外,也承认理性思维在认识中的作用,对前期墨家的经验主义倾向有所克服。它还对"故""理""类"等古代逻辑的基本范畴作了明确的定义,区分了"达""类""私"三类概念,对判断、推理的形式也进行了研究,在我国古代逻辑史上占有重要地位。

战国以后,墨家衰微。到了西汉时,由于汉武帝的独尊儒术政策、社会心态的变化以及墨家本身并非人人可达的艰苦训练、严厉规则及高尚思想,墨家在西汉之后基本消失。但是考古发现墨家最后一代在晚清出现,因抗夷而全部灭亡。还有一种说法是明末清初最后一代巨子留下遗书,此巨子只剩两名弟子,一外放一内传。

▶ 6.1.2 墨家的代表人物

墨家的代表人物也就是墨家的创始人墨子。墨子姓墨,名翟,鲁国人,约孔子卒后十余年时出生,也就是公元前 468 年到公元前 459 年间;死于约孟子生前十余年时,也就是公元前 390 年到公元前 382 年间,享寿八十岁左右。墨子可说是我国历史上一个伟大而又神秘的人物。他创立的墨家学派和孔子所创立的儒家学派是春秋战国时期诸子百家中最著名的两家,他和孔子两人被并称为"显学"的大师,成为天下人学习的榜样。如此伟大的人物在历史上应享有盛名,然而,与孔子在人们心目中的辉煌传诵成反照,各种史籍对墨子的生平却未有一明确、肯定的记载,以至后人关于墨子本人的情况知道很少,使我们无法认清墨子的真面目。墨子出生何地,也有争议。《史记·孟荀列传》说他是宋国的大夫,《吕氏春秋·当染》则认为他是鲁国人。

从墨子一生的活动看,墨子可能出生于当时的士阶层,但他本人曾经当过制造器具的工匠,具有丰富的生产工艺技能,他称自己为"贱民"。墨子早年曾受过儒家的教育,是个博学多才的人。他发觉儒家非常强调礼乐,主张厚葬久丧,不利于人民,因而不满儒家所提倡的繁琐的礼乐,弃儒而去,后来创立了自己的学派。墨子是一位将自己的一生无私奉献给社会民生的人。他一生都是在为扶危济困的事业而奔忙,班固《答宾戏》中说:"孔席不暖,墨突不黔。"就是说墨子像孔子一样为天下事终日奔劳,连将席子坐暖和将炉灶的烟囱染黑的功夫都没有。

墨子是一位伟大的思想家、教育家、科学家、军事家和社会活动家,在中华民族的文明史上,代表了一个时代的高度。他的思想具有极其重要的时代价值。墨子的思想学说博大精深,他的科学思想前无古人,他的军事技术高于其他诸子,他对世界、对社会的贡献是多方面的。在政治方面,墨子主张"尚贤"与"尚同"。他提出了"官无常贵,而民无终贱"的主张,认为只要有贤能,不管亲疏远近,贫富贵贱,都要任用他们;他认为人民都要向他们的长官认同学习,下级的主管必须向上级的主管认同学习,建立起上下的共识,而最高的统治者(天子)要能统一天下的思想;墨子也提出了维护和平、反对侵略的"非攻"主张。在经济方面,墨子主张"强本节用",即重视生产、崇尚节俭,人人参与劳作并分工合作、各尽所能;对于分配"利",墨子主张量功分禄,以劳定赏。在伦理方面,墨子主张"兼爱",为官的要"兴万民之利,除万民之害",为人民的要相亲相爱、交互得利。在教育方面,墨子的教育思想是独树一帜的,认为教育的目的是实现救世拯民,他是第一个不畏劳苦送教上门的教育家;他很重视教授生产、军事技能、自然科学知识和逻辑知识;他提出了教育上量力性(可接受性)原则、实践性原则等;在教学方法上他提倡因时(材、人)施教、讲清事物的所以然、以行为本、注重学生个性发展。在自然科学方面,墨子在力学、几何学、代数学、光学等方面,都有重大的贡献。在军事方面,墨子主张"有备无患",他反对侵略战争,采取防御战争;他主张外交上要"遍礼四邻诸侯",争取支持。

▶ 6.1.3 墨家的价值取向

墨家的价值取向概括地讲就是"功""利"二字,"功"指的是功业、功效,"利"指的是物质利益,主要是指广大民众的物质利益。墨子主张"必务求兴天下之利,除天下之害"(《墨子·兼爱》),并希望天下仁人志士都以此为价值取向。

6.1.3.1 物质利益乃人生存之本

墨家认为,人之所以区别于飞禽走兽,是因为生存条件的不同,人必须通过劳动创造出一定的物质财富才能满足生存所需。"衣食者,人之生利也。"(《墨子·节葬下》)衣食就是满足生存需要的物质利益。

6.1.3.2 "兼爱交利"乃道德之核心

墨家认为,一切道德标准必须以对人或社会有利为准则,道德不可以脱离利国家、利百姓、利天下而单独存在。墨家崇尚"兼爱",以此为高尚的道德,并认为当时社会上一切动荡、灾难、罪恶都是因为不"兼爱"而引起的。治理天下正确的道德途径即"兼以易别"。而墨子所谓的"兼爱"主要是指"兼相爱,交相利"。

6.1.3.3 "兼爱兴利"乃执政之本

在治国方面,墨子也曾提出许多治国良策,曾在《墨子·鲁问》中提出五项十策的治国方略。其基本原则也是"兼相爱,交相利"。墨子将利国、利民、利天下作为"善政"的标准,反之则为"不善政",主张"节用""节葬""非攻""非乐",从而达到富国利民,天下大治的理想境界。

6.1.3.4 "功利"乃言行之准则

墨家认为,功利也是检验一切言行的重要标准。墨子是第一个提出关于言论、认知的衡量标准的先秦哲学家,这一标准就是"三表法"。墨子认为,三表法对于言论和认知,既可辨是非,又可断利害。此外,墨子还用功利来说明"志功"的关系,"志"就是动机,"功"就是效果,认为判断一个人的行为是否正确,要考察他的动机、行为和结果,这三者密不可分。对人行为的评价,应该坚持"志功"的统一,即"合志功而观",应综合考虑"志功"因素,不要片面地从某一个方面来衡量人的行为。

▶ 6.1.4 墨家的基本思想

墨家的基本思想主要有兼爱、非攻、尚贤、尚同、天志、明鬼、非命、非乐、节用、节葬十项。其中,"兼爱"是核心,"节用""尚贤"是根本。

6.1.4.1 兼爱

"兼爱"是墨家"大同思想"体系的必要条件,是墨学的重要行动纲领。墨家代表人物墨子认为,当时社会动乱的原因就在于人们不能兼爱。墨子一针见血地指出"自私""损人利己"是天下大乱的根源所在。

墨子的"兼爱",是对孔子思想体系的基本观念"仁"的改造,但是他反对儒家所强调的"亲亲有术,尊贤有等"(言亲疏尊卑之异也)的观点。他提出"兼相爱,交相利"学说,就是提倡无差别之爱,就是强调人与人之间不分血缘关系的亲疏和身份等级的贵贱、家族地域的限制,普遍地、平等地相爱相助,也就是对待别人要如同对待自己,爱护别人如同爱护自己。

6.1.4.2　非攻

反对一切非正义的侵略战争,支持防御作战。墨子认为战争无论胜败,都是没有意义的行为,主张大国不侵略小国,国与国之间无战事,和平共处。特别值得注意的是,墨子主张"非攻",但并不废除"诛",即要区分侵略的"攻伐"战争和为民除害的"征诛"之战,前者是非正义的,后者则是正义的。

"兼爱"和"非攻"是一个问题的两个方面。"攻战"是"不相爱"最集中、最典型、也是最强烈的表现。为了避免战争,维护和平,墨子以"兼爱"为根据,提出了"七不"准则:"大不攻小也,强不侮弱也,众不贼寡也,诈不欺愚也,贵不傲贱也,富不骄贫也,壮不老夺者也。"(《墨子·天志下》)这"七不"准则可视为历史上最早的国与国之间的关系准则,表明了墨子伸张人间正义,保障人类权益,主持社会公道的决心。

6.1.4.3　尚贤

崇尚贤能之才,不分贵贱,唯才是举。"尚贤"乃"政之本"。墨子认为:古代贤明君主,之所以能天下和、庶民阜,是因为他们身边都有真正的人才在起作用,如尧有舜,舜有禹,禹有皋陶,汤有伊尹,文王有闳天、泰颠、南宫括、散宜生,因此近者安之,远者归之,政治清明,天下太平。墨子还坚持贤人乃治国安邦之才,并且描绘出贤人政治的前景:"上者天鬼富之,外者诸侯与之,内者万民亲之,贤人归之",以致"谋事则得,举事则成,入守则固,出诛则强"。

6.1.4.4　尚同

尚同的意思是,上天"选择天下赞阅贤良圣智辩慧之人,立以为天子",立以为三公、万国诸侯,以至左右将军、大夫和乡里之长,社会成员自下而上尚同于天子之"义",并且"上有过,规谏之"。社会成员的意愿层层上达,天子及其以下的各级官吏按共同的"义"行事,上下一心为人民服务,为社会兴利除弊,从而实现"天下治"。

天子的行为是否合于天下之义,必须据其是否尚同于天判断。这就阻断了最高统治者自行又自断其政的可能性。"夫既尚同于天子,而未尚同乎天者,则天灾将犹未止也。故当若夫寒热不节,雪霜雨露不时,五谷不熟,六畜不遂,疾灾戾疫,飘风苦雨,荐臻而至者,此天之降罚也,将以罚下之人之不尚同于天者也。"(《墨子·尚同》)

墨子哲学思想的独到之处在于:称天说鬼,主张法天而遵天法;提出"一同天下之义"的法律起源论和秩序观;倡导"兼相爱,交相利",追求普天之下的人类大同,废除等级差别。

尚同是与尚贤相辅而行的行政管理原则。墨子认为,政令不一,只能导致社会纷乱。尚同与尚贤一样,是"为政之本"。墨子的尚同思想是高度的集权主义,实施自上而下的控制与有效管理。它要求一切统一于上级,从组织系统的领导关系到思想意识,都要绝对地统一于上级,服从于上级,绝对不许反其道而行之。

人的行为受思想意识支配,没有思想的统一,便不能有行为的一致。墨子主张"一同天下之义",把天下人的思想统一起来。墨子认为尚同是行政管理之根本,只要为政者对人民"疾爱而使之,致信而持之,富贵以导其前,明罚以率其后",举措适宜,就一定能统一全国上下的思想,实现民富国治。这就为"大一统"帝国的出现提供了思想理论依据。

6.1.4.5　天志

天志即天的意志。墨子认为,天是有意志的。天喜欢义,憎恶不义。天是爱利天下百姓的,也希望为政者顺应天意,爱利天下之百姓;也希望人们相互帮助、相互教导,反对人们相互攻击、相互敌视。可见,所谓天志实即墨子之志。

"我有天志,譬若轮人之有规,匠人之有矩。轮、匠执其规、矩,以度天下之方员,曰:'中者是也,不中者非也。'"

天子代天行政,天子爱利百姓,就是顺从天意,也就是以天的意志而行事。

6.1.4.6　明鬼

明鬼即尊重前人智慧和经验。墨子曾经通过提问,是否有人"尝见鬼神之物,闻鬼神之声",得出"鬼神之有"的结论。需要注意的是,墨家说鬼并非纯粹迷信,而是希望通过神鬼之说,使人得到警惕,从而不行邪恶。

6.1.4.7　非命

非命即否定天命,主张通过人的努力来掌握自己的命运。墨子强调"非命尚力",认为决定人们不同命运的,不是"命",而是"力"。墨子认为"赖其力而生,不赖其力则不生",充分肯定"人力"在社会生活与改造自然过程中的重大作用,相当于今天所说的"爱拼才会赢",奋斗不懈才会成功。

6.1.4.8　非乐

该主张的目的是要摆脱划分等级的礼乐束缚,废除繁琐奢靡的编钟制作和演奏。墨子认为当时的音乐费时耗事,花费惊人,音乐对于国家并无生产行为,纯粹是无用之事。不过,墨子并不是要反对音乐本身,而只是要反对为满足贵族统治者淫乐享受所进行的音乐活动。在墨子看来,统治者为了满足自己贵族式的寻欢作乐、淫荡不羁的音乐活动,一定会加重人民负担。因为统治者为满足奢欲而制作众多乐器,"将必厚措敛乎万民",比如为了演奏众多乐器而征集大批青年男女,这不仅使人们脱离生产劳动,影响生产,而且还要为统治者提供美衣美食,势必更加重人民负担。

6.1.4.9　节用

节用即节约民力,以扩大生产,反对奢侈享乐生活。"节用"并非消极地缩衣节食,而是与增加生产、发展经济相结合的积极主张。他注重"强本",就是加强生产、发展经济的具体体现。

6.1.4.10　节葬

节葬即不要把大量的社会财富浪费在死人身上。墨子认为儒家的厚葬是消耗钱财的一种浪费,如果都按照儒家所主张的守丧需三年来实行,则三年过后人们的身体可能就会变得虚弱,需要人扶才能起来,这将严重影响生产活动。墨子在《墨子·节葬下》中明确指出,统治者奉行厚葬久丧的习俗纯粹是愚蠢之举,将会带来"国家必贫,人民必寡,刑政必乱"的恶果。因此,墨子提出"节葬",以达到改变社会习俗和腐败风尚的目的。

综上所述,"兼爱"是墨家的伦理观;"尚贤""尚同""非攻"是墨家的政治观;"天志""明鬼""非命"是墨家的宇宙观;而"节用""节葬""非乐"是墨家的经济观。

6.2　墨家的"以身戴行"对当代大学生道德教育的启示

▶ 6.2.1　"以身戴行"的内涵

以身戴行,语出《墨子·修身》,"名不可简而成也,誉不可巧而立也,君子以身戴行。"名望不可能轻易获得,名誉不可能投机取巧而立,君子用身心戴道而行,意为言行合一,用身心戴道而行。

墨子是一位十分注重实践和实验的卓越的思想家和教育家。墨子说过:"默则思,言则诲,动则事,使三者代御,必为圣人。"墨子的这番思想意图很明确,反复强调必须把思想(理论)、教诲(教育)、行动(实践)三者结合起来,才能成功地实施教育。

墨子强调技艺的学习,强调动手操作,主张借助图解、借助实地演示进行教学。例如:在光的教学中,墨子曾带领弟子进行多次实验,使弟子掌握了光的照射,物体的阴影、倒影及球面镜的相关知识。为证明"光是直线传播"的这一原理,墨子曾指导学生做"小孔成像"实验。墨子是科学实验方法的创造者,也是把科学实验方法用于教学的先行者。《墨子·经说上》提出:"知,接也。知也者,以其知过物而能貌之。"大意是想获得真正的知识必须亲自观察体验。

同时,墨子为实现自己的理想培养了众多的弟子。他为宣传自己的主张八方奔波,上说下教,广泛交游,见义勇为,吃苦耐劳,重视实践,身体力行,敢于革弊立新,是一位具有独创性与实践改革精神的伟大思想家和教育家。

▶ 6.2.2 "以身戴行"对当代大学生道德教育的启示

6.2.2.1 提升道德修养需要内化与外化两个阶段

道德教育是成于内而行于外的。道德修养的高低主要通过道德实践来体现,也只有按照道德准则和规范身体力行,才能不断提高道德修养水平。因此当代大学生道德修养的提高最终是要通过行体现出来,这一过程必须要经过"内化"与"外化"两个阶段。"内化"主要是以道德教育内容为主旨,提高大学生道德修养的理论认知。"外化"主要是把教育对象内化的道德教育内容转化为合理的,符合社会发展的道德行为。

大学生参加社会实践活动的过程是知识与社会生活实践互动的过程,是大学生形成知识、技能、情感、态度体验、社会责任感的有机过程。这个过程是大学生道德修养提高的有机过程。因此,大学生道德修养的提高需要将墨家的道德精神理论与实践相结合,实践道德行为。一方面,教师在教学过程中,注重学思并重。在课堂教学过程中,教师应该主动帮助学生理解理论知识,指导学生去操作,或者模拟一些场景,将理论知识应用到现实场景中,将枯燥的理论知识以生动化的形式进行教授,不仅有利于学生主体性的发挥,而且培养了学生的学习兴趣。另一方面,"以行为本",鼓励学生参与社会实践。因为它不仅是培养大学生思想道德素质的重要载体,而且在这一过程中,也能够拓宽大学生对社会认知的视野。同时,实践活动又是传统课堂的外延。让大学生亲身去体验多彩的社会实践活动,提高他们对墨家道德思想的认知度。这类实践活动很多,如:义务劳动、义务献血、植绿护绿、科技创新等志愿服务活动。通过"认识—实践—认识"的思想方式,使大学生把良好的道德品质落到实处,成长为整个社会道德践行的主体力量。

6.2.2.2 提升道德修养需要理论联系实际

随着社会环境的不断变化,大学生面临来自不同层面的压力和挑战。这就要求大学生在实践中不断磨炼自身,成为一个意志坚定的奋斗者,不怕困难,坚守自己的信念,并为之不懈奋斗,这样才具备了成功的基本条件。另外,在现今社会,重新审视自省在大学生道德教育中的价值是十分必要的。21世纪是以消费为主导,由大众传媒支配,以实用精神为价值取向的多元化时代,受社会环境的影响,部分学生以"自我为中心",导致道德理想的失落乃至崩溃。墨子重视"自身修养",强调自我反省,更强调人对道德理解内化的过程,即自我教育的能力。良好道德修养的形成需要内化和外化共同作用,进行道德修养教育,学习道德理论知识。归根到底,是希望促使大学生把良好的道德修养外化于行。但是,大学生在受教育的时候,如果只是外在地接收,单靠外在教育的形式,显然不能达到预期的效果。因此,大学生应该在接收传授的知识的同时,多学,多问,多思考,把书本上的知识,教师教授的知识真正内化为自己思想的一部分,自我真正意识到良好道德行为的必要性,提高道德实践能力。大学生可以将自己学到的理论知识,与自己的周边生活相联系,在认识领悟理论后,反省总结自己的行为,以对其加以改善,真正做到对自己,对社会负责。大学生要学会在思考的基础上判断事物的是非,拒绝一切不道德行为、不负责行为,从而能够创造更新自我世界,获得全面发展的生存能力,迎接挑战,实现人生理想。

6.3　墨家兼爱思想在当代大学生思想政治教育中的价值审视

▶ 6.3.1　墨家兼爱思想的内涵

"兼爱"在墨家思想中占有极其重要的地位。它阐述了一种人与人之间的关系,其基本含义便是视人如己,不分亲疏远近、贫贱富贵,同等程度地爱一切人。

"兼",从字源上讲,是一个会意字,本意为一手执二禾,像一只手拿着两颗稻谷,引申为同时涉及几种事物,而不专心于其中之一或由各部分组成一个整体。《墨子》中讲道"体,分于兼也。""偏去也者,兼之体也。"(《墨子·经说上》)在墨子看来,"兼"即整体,是区别于个体或部分的。"兼爱"也就是整体之爱,平等之爱。同时,"兼爱"离不开"交利","兼相爱"还要"交相利","交相利"是"兼相爱"的重要保障和原则。"兼爱"的内涵可以直接体现为"兼以易别,爱无差等"和"兼相爱,交相利"两个方面。

6.3.1.1　兼以易别,爱无差等

与"兼爱"相对立的是"别爱",所谓"别爱",就是指自私自利的爱,是一种极端的"自爱"。墨子主张用平等的兼爱来代替自私自利的别爱。在墨子看来,别爱是导致人际关系紧张,引起社会混乱甚至造成国家之间战争的根源。墨子讲到"别"的危害时说:"姑尝本原若众害之所自生,此胡自生? 此自爱人利人胜与? 即必曰非然也,必曰从恶人贼人生。分名乎天下恶人而贼人者,兼与? 别与? 即必曰别也。"(《墨子·兼爱下》)人与人相"别",才产生了恶人、贼人,进而造成了"众害"。人与人相"别",就会为了自身利益而损害他人利益,为了自己国家的利益,损害其他国家的利益,甚至为此而发动战争攻打其他国家。"今诸侯独知爱其国,不爱人之国,是以不惮举其国,以攻人之国;今家主独知爱其家,而不爱人之家,是以不惮举其家,以篡人之家;今人独知爱其身,不爱人之身,是以不惮举其身,以贼人之身。是故诸侯不相爱,则必野战;家主不相爱,则必相篡;人与人不爱,则必相贼。"(《墨子·兼爱中》)因此,墨子提出"兼以易别"的主张。

"兼以易别"就是说要用"兼爱"来代替"别爱"。对此,墨子区别了两种人,另一种是"兼士",另一种是"别士"。"别士"对外宣称"吾岂能为吾友之身,若为吾身;为吾友之亲,若为吾亲。"(《墨子·兼爱下》)而"兼士"则相反,称"吾闻为高士于天下者,必为其友之身,若为其身;为其友之亲,然后可以为高士于天下。"(《墨子·兼爱下》)在朋友遇到困境时,"别士"只会考虑自身的利益,并不会帮助朋友摆脱困境;而"兼士"则会挺身而出,把朋友的困难当成自己的困难,努力帮助朋友去解决。通过这个例子,可以明显看出"兼士"与"别士"的区别。所以,墨子主张"兼爱"而反对"别爱"。在墨子看来,"兼爱"的特点体现为其整体性与平等性,是一种整体的爱和平等的爱。如果能够将这种平等之爱广泛施行,天下兼相爱,人与人之间做到"视父兄与君若其身",家与家之间做到"视人之室若其室""视人之家若其家",国与国之间做到"视人之国若其国",就不会出现不慈不孝、偷盗行窃、国家相攻之乱,如此则天下大治。由此可以看出,墨子提出的"兼爱"是一种无差等之爱。同时,墨子的这种无差等之爱超越了时间和地域的限制,是普遍的平等之爱。墨子说:"受众世与受寡世相若,兼受之,有相若。受尚世与爱后世,一若今之世人也。"(《墨子·大

取》)"众世"与"寡世"是就地域(空间)的大小来说的,"尚世""后世"和"今之世"是就古今(时间)来说的。

6.3.1.2 兼相爱,交相利

墨子言"爱"不离"利"。在墨子那里,爱与利是一致的,爱和利从根本上来说就是同一个东西。"仁,爱也;义,利也。爱利,此也,所爱所利,彼也。爱利不相为内外,所爱利亦不相为内外。其为仁,内也,义,外也,举爱与所利也,是狂举也。若左目出,右目入。"(《墨子·经说下》)墨子指出,爱利是此,所爱所利是彼,爱与利没有内外之分,所爱所利也没有内外之分,所以爱与利实为一事。

墨子认为,互爱的双方都能获得"利",是"兼相爱"得以实施的重要保障。如果离开了"利",爱就失去了意义。"兼相爱"的最终结果也必然能够使双方获利。对此,墨子论证说:"夫爱人者,人必从而爱之;利人者,人必从而利之;恶人者,人必从而恶之;害人者,人必从而害之。"爱人的人,就会获得他人的爱;利用他人,也会被他人利用;厌恶他人,危害他人,即使自己不愿被人厌恶、不愿受到他人的加害,也必然会得到恶的结果或者说报应。墨子从现实角度出发,认为"兼相爱,交相利"是全人类的共同需求,是人与人之间、家与家之间、国与国之间交往的基本准则。

墨子贵义,言爱利时亦离不开义。讲到"义"的重要性时,墨子称:"手足口鼻耳,从事于义,必为圣人。""万事莫贵于义。"(《墨子·贵义》)他认为人人都可以成为圣人,"义"应该成为每个人人生追求的终极目标。

对于"义"与"利"的关系,在墨子看来,"义"在根本上就是"利",这里的"利"并不是指损人利己之私利,而是"天下之利"的公利。

墨子认为"义"是天下的良宝,能够有利于民,给民众带来真正的利益。"义"的最终目的是"天下之利",为了民众之利。因此,如何判断一个人是"义"还是"不义"呢?墨子说,若一个人的行为所带来的结果能够"上利天,中利鬼,下利人,三利而无所不利,是谓天德。"这样能够实现"三利",就是最大的义,就是"圣知",就是"仁义",就是"惠忠",就是"孝慈",就是最大的善。这就是判断一个人的行为是否"义"的标准。违反了这个标准的就是不善,就是恶。墨子说:"若事上不利天,中不利鬼,下不利人,三利而无所利,是谓之天贼,故凡从事此者,寇乱也,盗贼也,不仁不义,不惠不忠,不慈不孝。是故聚天下之恶名而加之。"(《墨子·天志下》)在墨子眼里,"义"是兴万民之利的最高目标,是一切活动都应该追求的最终目的,要做到利民才是大义。因此,墨子主张要利天下,让百姓过上富有的日子,如果一个决策或者行为是利天下的,就努力地去实施;如果一个决策或行为对天下是不利的,则要立刻终止。在墨子那里,"义"和"利"是统一的,是一致的。

墨子进一步阐释了"兼相爱"与"交相利"的关系。墨子认为"仁义"即是"爱利",即是实现天下之利。这是墨子对义利关系的解释。在这对关系中,墨子还突出了一个"爱"字,即重视"互爱"在"交利"的实现过程中发挥的重要作用。墨子指出,"藉为人之国,若为其国,夫谁独举其国以攻人之国者哉?为彼者由为己也。为人之都,若为其都,夫谁独举其都以伐人之都者哉?为彼者犹为己也。为人之家,若为其家,夫谁独举其家以乱人之家者哉?为彼者犹为己也。然即国都不相攻伐,人家不相乱贼,此天下之害与?天下之利与?即必曰天下之利也。"(《墨子·兼爱下》)墨子认为这种"为人之国,若为其国""为人之都,若为其都""为人之家,若为其家"的行为,就是行义,就是兼爱,就是"兴天下之利"。人与人之间的相利是人与人之间互爱的结果,天下的大利也是人与人之间、家与家之间、国与国之间相爱的结果,兼爱和兴利二者是因果关系,是始终分不开的。

▶ 6.3.2　兼爱思想在当代大学生思想政治教育中的价值

6.3.2.1　提倡爱的教育

墨子主张"兼爱"。其思想精华即完全的博爱,要把父慈、子孝、兄友、弟恭等对待亲人的方式,扩展到其他陌生人身上。墨子的这一思想主张对思想政治教育,特别是当代大学生的思想政治教育具有现实意义。首先,要让大学生学会"爱",才能让其达到"博爱"。如果连"爱"都做不到,"博爱"就无从谈起。现在社会上一些事例反映出部分大学生缺乏爱心和爱的能力。如有些大学生见到路边摔倒的老人却不去帮扶,有些大学生竟然因为一些小事而犯法,甚至一些大学生连自己的生命都不去爱惜。因此,对大学生进行思想政治教育,首当其冲要培养其爱的能力,培养他们爱自己、爱家人、爱社会的能力，然后要培养和提倡博爱精神，培养大学生用宽广的胸怀对待周围的人和事的意识，而要让他们懂得，不能自私地只爱自己所爱，要爱整个世界，才能爱自己所爱。

6.3.2.2 引导大学生互相关爱

在现代，可以理解"兼爱"是一种人本主义思想。首先，墨子认为"兼爱"是社会层面的要求，即应当不分厚薄亲疏，都用爱去对待，不但要爱一切人，而且要给一切人同等的爱。其次，墨子认为"兼爱"亦是感情层面的要求，强调人们相互的、平等的爱，双方都要承担"爱"的义务，也都享有"被爱"的权利。墨子的"兼爱"思想是实现人与人之间诚信友善的社会根基，对完善大学生道德品质很有价值。

当前大学生群体中存在着一些令人担忧的现象，如有的人际关系脆弱，群体性对抗事件时有发生，有的处处表现唯我独尊，对他人缺乏同情和关心。这些都对社会造成了一些不利影响。倡导墨子的"兼爱"精神，有助于大学生从内心热爱自己、热爱社会，并主动完善自己的性格，主动对自己、对社会负责。目前社会上存在一些"多构态"的弱势群体，在高校中也存在着诸如"贫困生"、综合素质较低的学生，学校有责任借鉴墨子的"兼爱"思想，引导大学生关心帮助身边的弱势群体，为其营造一个良好的学习、生活氛围，将这些学生同样培养成全面发展的社会主义建设者和接班人，使他们得到应有的尊重。

6.3.2.3 提升大学生的道德修养

"兼爱"思想是对个体的道德诉求，有利于提升大学生的道德修养和精神境界。假使所有人都有"兼爱"的情操，有一种博爱的精神，那么世界将会无限美好。当然，要使所有人都有这种博大的情怀几乎是不可能的，但是我们还是应该对这种理想境界报以无限美好的憧憬，这样才能离理想境界越来越近，只有更接近，才会有提升。因此，在现如今的社会中，还是应以"兼爱"的情怀来对自身的道德品质加以完善，加强个人素质的培养，从而提高整个社会的道德水平。

6.3.2.4 引导大学生关爱社会和谐

除了提升个人的修养，"兼爱"理论还是人际交往的基本原则，其主张人人关心爱护别人,交往时要相互尊重,爱人如己。随着社会的发展,人类在享受物质繁荣的同时,也正在经历着前所未有的人际危机。从大学生群体来看,人与人之间并不缺少各种各样的自爱和爱他之心,真正缺少的,应该是兼爱或博爱之情。而墨子主张的"兼爱"思想,反映的是人类对自身同类的尊重和认同,是人类理性的直接表现,会对陷入困境中的同类表现出同情、怜悯、关怀和帮助,并能通过正当有效和文明的种种途径,化解和处理各种危机和矛盾。因此,可借"兼爱"理论来引导大学生关爱社会。

第7章

法家文化与当代大学生思想政治教育的融合

7.1　法家文化的发展与思想

▶ 7.1.1　法家文化的发展

法家思想同中国封建土地关系的产生与发展相联系,是地主阶级取代奴隶主贵族统治的理论表现。

7.1.1.1　春秋时期

在奴隶社会,"礼"是奴隶主贵族统治的政治体系和道德规范。春秋时期以来,周礼逐步失去了原有的威力,法家原有陈旧的典章制度随之衰落。为适应封建土地关系发展的需要,奴隶主贵族中出现了一批改革家,如齐国的管仲、晋国的郭偃、郑国的子产等人。他们颁布法令与刑书,改革田赋制度,促进封建化过程,成为战国时期法家学派的思想先驱。

7.1.1.2　战国时期

战国初期,封建制在各诸侯国相继建立,应经济、政治、思想领域全面变革奴隶制的需要,产生了新兴地主阶级的法家学派,主要代表人物有李悝、商鞅、慎到。

7.1.1.3　秦汉时期

战国末期的韩非集秦晋法家思想之大成,将"法""术""势"三者糅合为一,将法治理论系统化。他主张加强君主集权,剪除私门势力,"以法为教",厉行赏罚,奖励耕战。

法家学派的法治理论对春秋战国时期进行封建化的改革以至秦始皇统一六国建立中央集权专制的封建国家起了重大的作用,并成为秦王朝的统治思想。秦朝统治时期,法家理论得以全面实践。

秦朝的短暂统治,使得政界和学界都认为法家学说的负面影响更多。然而从出土文献资料看,在汉初标榜黄老"无为"政治的另一面,又体现出对秦朝法制的继承。

7.1.1.4　魏晋南北朝时期

东汉末年,法家学说的文化地位在一定意义上得以重新上升。史载曹操"揽申、商之法术",受先秦法家思想影响很大,不官不功之臣,不赏不战之士。南北朝时期统一北方的北魏道武帝拓跋珪在政治上推崇法家。

7.1.1.5　唐宋时期

到了唐宋以后,独立的法家学派逐渐消失,其法治思想被吸收到儒学的体系中,德刑并用,成为维护地主阶级专政的有力工具。

7.1.1.6　近代时期

十九世纪末二十世纪初,奄奄一息的清朝在西方文明的入侵面前只有招架之功,毫无还手之力。这时一些中国的学者发现,相对于西方的法治,古代中国也有过主张法治的思想,那就是法家。

在晚清的特定时势与学术背景之下,出现了章太炎、梁启超、沈家本等"新法家",他们反对传统上对法家的不合理批评与抨击,大力为法家平反正名,称赞法家的历史功绩,用"法治"或"法治主义"来认知和解读法家思想,并在此基础上形成"新法治主义"。

▶ 7.1.2　法家的代表人物

法家是我国战国时期以法治为思想核心的重要学派。其思想先驱可追溯到春秋时的管仲、子产,实际上将其发扬光大的是战国前期的李悝、商鞅、慎到等人。战国末期的韩非是法家思想的集大成者,他建立了完整的法治理论体系。

7.1.2.1　管仲

管仲,姬姓,名夷吾,字仲,谥敬,被称为管子、管夷吾、管敬仲,汉族,颍上(今安徽省颍上县)人,周穆王的后代,是我国春秋时期著名的军事家、政治家、经济学家、改革家,被誉为"圣人之师"和"华夏文明的保护者"。管仲少时丧父,老母在堂,生活贫苦,不得不过早地挑起家庭重担。为维持生计,他与鲍叔牙合伙经商,失败后从军,到齐国,几经曲折,经鲍叔牙力荐,成为齐国上卿(即宰相),辅佐齐桓公,使之成为春秋时期第一霸主,所以说"管夷吾举于士"。管仲在任内大兴改革,富国强兵,重视商业。

7.1.2.2 李悝

李悝,嬴姓李氏,名悝,一作克,战国初期魏国(今河南濮阳)人,著名的政治家、法家代表人物。其在魏文侯时任丞相,主持变法。司马迁说:"魏用李悝尽地力,为强君。"班固称李悝变法"富国强兵"。李悝变法在魏国走上富强之路的过程中曾做出很大贡献,是我国变法之始,随后楚国吴起变法、秦国商鞅变法,都在发展着李悝的变法实践,在我国历史上产生了深远的影响。

7.1.2.3 商鞅

商鞅,原名卫鞅,也叫公孙鞅,战国时期卫国人。商鞅早年为魏国宰相公孙痤家臣。公孙痤病死后,魏王并没有重用商鞅。后来听说秦孝公下令求贤者,商鞅便携同李悝的《法经》到秦国去。通过秦孝公宠臣景监三见孝公,商鞅畅谈变法治国之策,孝公大喜,商鞅得到了施展他变法理想的舞台。商鞅变法的主要内容:建立新型的军功爵制,激励士兵奋勇杀敌;奖励耕织,保证秦国后方粮草充足;制定新法,使得百姓各司其职,安分守己。秦国自商鞅变法后,迅速成为一个强大的诸侯国,为以后统一天下奠定了基础。

7.1.2.4 慎到

慎到,战国时期赵国人,早年曾"学黄老道德之术",后来成为法家重要代表人物。齐宣王时他曾长期在稷下讲学,对于法家思想在齐国的传播做出了重要贡献。司马迁说他有《十二论》,《汉书·艺文志》的法家类著录了《慎子》四十二篇,后来很多都失传了。《慎子》现存有《威德》《因循》《民杂》《德立》《君人》五篇,《群书治要》里有《知忠》《君臣》两篇,清朝时,钱熙祚将其合编为七篇,刻入《守山阁丛书》。此外,还有佚文数十条。

7.1.2.5 韩非

韩非,尊称韩非子,是法家学说的集大成者。韩非是韩王之子,荀子的学生,李斯的同窗,著有《韩非子》,共五十五篇,十万余字,在先秦诸子散文中独树一帜。韩非极为重视唯物主义与效益主义思想,积极倡导君主专制主义理论,目的是为专制君主提供富国强兵的思想。韩非将商鞅的"法",申不害的"术"和慎到的"势"集于一身;还将老子的辩证法、朴素唯物主义与法融为一体。

▶ 7.1.3 法家的价值取向

法家是我国古代典型的政治哲学派别,他们的价值取向,基本都是围绕政治领域展开的,商鞅重"法",申不害重"术",慎到重"势",到韩非提出的三者缺一不可,都充分体现了"君权为上"的价值取向。在法家看来,君主处于最高层次,居于核心地位。"皆帝王之具也。"(《韩非子·定法》)可以说,法家对君主权力的论述,是我国哲学史上最为系统的。

7.1.3.1 君主乃神圣之化身

在法家看来,君主的权力至高无上,君主有超越一切的能力。他们认为"神圣者王,仁智者君,武勇者长,此天之道,人之情也"(《管子·君臣》)。为了证实他们的观点,法家学者先后提出了"同道说""救民说""为天下说""国信说"等论断。可以说,尊君是法家价值体系的前提和基础,也是法家价值观的主要特征,而"法""术""势"都是这一价值观的延伸和表现。

7.1.3.2 权势乃胜众之资本

法家认为,君主的价值跟权力、权势密切相关,君主只有占据了权位,才能发挥其在政治生活中的决定作用,没有权位,则君主跟一般人没有什么不同。用韩非的一句话足可以充分概括这一观点:"势者,胜众之资也。"(《韩非子·八经》)就是说,权势是君主地位的保障、威严的基础、统治力量的源泉。

7.1.3.3 法制乃治世之法宝

法家所指的"法"主要是指由统治阶级制定并颁布的,由国家强制力保证执行的,要求君臣共同遵守的行为规则和制度,主要以刑赏为主,也包括其他方面的规定。法家的"法"主要包括以下几个方面,即"公正"(和私相反的公共规范,代表的是统治阶级的利益和意志,具有鲜明的阶级性)、"平直"(对于适用的对象坚持同一标准,平等、不偏向、不倾斜)、"齐一"(统一人们的行为,使人人都按法令所规定的

标准统一行动,达到全国上下统一意志和行为)、"明分"(即"名分",人们在社会上
划分不同的权力范围和界线,实质是主张建立等级制度)。

7.1.3.4　术数乃御臣之工具

"术"是法家关于君主统御、控制群臣的方法理论,是法家治世之道的方法。
"术"与"法"的区别在于,"法"是君臣、百姓共守的,而"术"是由君主独自操作的。
"术"作为对群臣的统治方法,主要包括对群臣的选任、监督、考核、赏罚等多项内
容。"术者,因任而授官,循名而责实,操杀生之柄,课群臣之能者也,此人主之所执
也。"(《韩非子·定法》)其中的"实""能"就是法家"术"所追求的价值。"实"就是官
吏的政绩,"能"指的是官吏的才能和成绩。

▶ 7.1.4　法家的基本思想

法家思想内容丰富,结构较为完整,包括人性观、诚信观、义利观、法术势等诸
多方面。

7.1.4.1　好利恶害的人性观

法家伦理思想中最具主题色彩的就是相关人性论的主张。在法家看来,好利
恶害、趋利避害是古往今来人人固有的本性。这种本性是不可改变的。从传承思
想文化的角度看,法家的人性论观念是对荀子人性恶思想的承续。荀子的"性本
恶"思想主要表现为人的感官欲望的无法满足状态,他在《荀子·性恶》中说:"目好
色,耳好听,口好味,心好利,骨体肤理好愉佚,是皆生于人之情性者也。"他认为,正
是在人的本能的基础上,产生了人的财产占有欲和好利之心。《荀子·荣辱》中写
道:"人之情,食欲有刍豢,衣欲有文秀,行欲有舆马,又欲夫余财蓄积之富也。然而
穷年累世不知足,是人之情也。"同时荀子还认为,人的共同心理是好荣而恶辱,从
尧舜到庶民百姓没有什么差别,而人世间最值得荣耀的就是掌握政治权利。荀子
在《荀子·王霸》里谈道:"夫贵为天子,富有天下,名为圣王,兼制人,人莫得而制
也,是人情之所同欲也。"荀子认为人的这种本性是不尽合理的,这就应该借助于开
展深入的社会实践来矫正,即"化性起伪"。法家先驱及代表人物或先于荀子谈到
了或在荀子之后拓展了这一人性论思想。《管子·禁藏》有言:"夫凡人之性,见利

莫能勿就,见害莫能勿避。其商人通贾,倍道兼行,夜以继日,千里而不远者,利在前也。渔人之入海,海深万仞,就彼逆流,乘危百里,宿夜不出者,利在水也。故利之所在,虽千仞之山,无所不上;深渊之下,无所不入焉。"商鞅认为,人的本性是好利的,人性好利的主要表现为人的生存欲望和生存需要。《商君书·算池》里有言:"民之性,饥而求食,劳而求佚,苦而索乐,辱则求荣,此民之情也。"由于人有这种生存需要,因此,每一个人在利弊之间都趋利避害。《商君书·算池》有言:"民之生:度而取长,称而取重,权而索利。"商鞅认为,人的本性与生俱来,人的一生就是追逐名利的一生,人的所有行为都受制于好利的本性。这种人本性论应用在政治上就是追求爵位,在经济上就是追求田宅。《商君书·错法》中指出了统治者恰恰可以利用此人性论实现自己的统治。"人生有好恶,故民可治也;人情者有好恶,故赏罚可用。"韩非的人性论,部分受了荀子的性恶论的影响,同时,也继承了商鞅的人性好利的观点。韩非认为,人的好利主要根源于人们的生存需要,他以为以肠胃为根本,不食则不能活。每个人都有欲利之心,人的任何行为都受好利的本性支配,即使是父子、君臣之间,也是计利而行的。韩非举出了社会上的溺婴习俗说明人性论已经演化为自私自利的思想。《韩非子·六反》有言:"父母之于子也,产男则相贺,产女则杀之,此俱出父母之怀衽,然男子受贺,女子杀之者,虑其后便,计之长利也。"韩非认为,儒家所说的君臣之间以忠信仁义相待,是不可靠的。《韩非子·难一》有言:"臣尽死力以与君市,君重爵禄以与臣市。君臣之间,非父子之亲也,计数之所出也。"总之,法家人性论是那个时代的反映,是私有制和商品经济发展的产物,是商品等价交换在人们利益上的反映,也为法家法治思想提供了理论基础,在一定意义上具有历史进步性。

7.1.4.2 以信至上的诚信观

诚信是中国传统道德规范中的重要内容,带有普遍的成人立身标准,自古至今我国的先哲们都有所指出,法家思想精英也不例外。"诚",真心实意,开诚布公。"信"的基本含义为诚实、不疑、不欺。法家先驱管仲认为讲诚信是天下行为准则的关键,如何讲诚信,他从两个方面做了阐释。第一,他重诚信,把诚信纳入德行的范畴。"先王贵诚信,诚信者,天下之结也。贤大夫不恃宗室,士不恃外权。坦坦之利不以攻,坦坦之备不为用。故存国家、定社稷,在卒谋之间耳。信之者,仁也。不可欺者，智也。既智且仁，是谓成人。"（《管子·枢言》）"其王信明圣，其臣乃正。何以知其王之信明信圣也？曰：慎使能而善听信。使能之谓明，听信之谓圣，明信圣者，皆受天赏。使不能为昏，昏而忘也者，皆受天祸。"（《管子·四时》）第二，他把诚信的道德观念拓展到刑罚和军事领域。他分别在《管子·权修》《管子·版法解》和《管子·九废》中指出："赏罚信于其所见，虽其所不见，岂敢为之乎？""刑赏信必，则善劝而奸之。""今恃不信之人，而求以智；而不守之民，而欲以固；将不战之卒，而幸以胜；此兵之三暗也。"

吴起和商鞅等改革派，把诚信置入改革措施中，在倡导践行变法的过程中非常注重诚信的作用，从一定意义上讲，他们是靠诚信为变法打基础，他们懂得用诚信赢得民心，从诚信入手树立改革者的形象。吴起靠诚实守信受到百姓的拥护，维护了自己的道德形象。《吕氏春秋·慎小》记载："吴起治西河，欲谕其信于民，夜日置表于南门之外，令于邑中曰：'明日有人偾南门之外表者，仕长大夫。'明日日晏矣，莫有偾表者。民相谓曰：'此必不信。'有一人曰：'试往偾表，不得赏而已，何伤？'往偾表，来谒吴起。吴起自见而出，仕之长大夫。夜日又复立表，又令如邑中如前。邑入守门争表，表加植不得所赏，自是之后，民信吴起之赏罚。"司马迁的《史记·商君列传》有描述："孝公……以卫鞅为左庶长，卒定变法之令……令既具，未布，恐民之不信，已乃立三丈之木于国都市南门，募民有能徙置北门者予十金。民怪之，莫敢徙。复曰：'能徙者予五十金。'有一人徙之，辄予五十金，以明不欺。卒下令。"

作为法家集大成者的韩非吸取了商鞅等前期法家人物的诚信观念，崇尚信，宣扬信。首先，他为功利而信。《韩非子·难一》有记载："晋文公将与楚人战，召舅犯问之曰：'吾将与楚人战，彼众我寡，为之奈何？'舅犯曰：'臣闻之：繁礼君子，不厌忠信；战阵之间，不厌诈伪。君其诈之而已矣。'文公辞舅犯，因召雍季而问之曰：'吾将与楚人战，彼众我寡，为之奈何？'雍季对曰：'焚林而田，偷取多兽，后不必无兽；以诈谕民，偷取一时，后必无复。'文公曰：'善！'辞雍季。以舅犯之谋与楚人战以败之。归而行爵，先雍季而后舅犯。群臣曰：'城濮之事，舅犯谋也。夫用其言而后其身，可乎？'文公曰：'此非君所知也。夫舅犯言，一时之权也；雍季言，万世之利也。'仲尼闻之，曰：'文公之霸也，宜哉！既知一时之权，又知万世之利也。'"其次，他不吝美言，颂扬诚信美德。《韩非子·外储说左上》中高调赞美了晋文公以诚信将卫国的事情。"晋文公攻原，裹十日粮，遂与大夫期十日，至原十日而原攻不下，击金而退,罢兵而去,士有从原中出者曰:'原三日即下矣。'群臣左右谏曰:'原之食竭力尽矣,君故待之。'公曰:'吾与士期十日,不去,是亡吾信也。得原失信,吾不为也。'遂罢兵而去。原人闻曰:'有君如彼其信也,可无归乎?'乃降公。孔子闻而记之曰:'攻原得卫者信也。'"

7.1.4.3 重利轻义的义利观

法家先驱管仲在《管子·牧民》中提出:"仓廪实,则知礼节;衣食足,则知荣辱。"即从物质生活中寻求道德的根源,肯定了"利"对"义"的决定性意义。不仅如此,法家还认为道德观念会随着社会物质生活的变化而变化。韩非在《韩非子·五蠹》篇中论述道:"古者,丈夫不耕,草木之实足食也;妇人不织,禽兽之皮足衣也。不事力而养足,人民少而财有余,故民不争。是以厚赏不行,重罚不用,而民自治。今人有五子不为多,子又有五子,大父未死而有二十五孙。是以人民众而货财寡,事力劳而供养薄,故民争,虽倍赏累罚而不免于乱。"法家坚持人们的道德水平与社会的物质基础有着直接且紧密的联系,当社会的物质财富足以满足人们的物质需求时,人们就会行仁义、讲道德。而春秋战国时期,我国社会正处于"民众而物寡""争于气力"的时期,仁义道德退而居之。商鞅提出"利出于地""名出于战",韩非也明确提出"务力而不务德",否则国家将面临贫穷落后甚至是亡国的危机。法家认为儒家所谓的"爱人之心"实际上是"伤民",而儒家那套繁杂的仁义礼节不但于民无益且有害,是暴政的发端。法家坚持利乃是人们行为的唯一动因,这既是社会事实,也是社会应该倡导的原则。这与法家好利、自为的人性论思想一致,并由其沿袭而来。商鞅在《商君书·开塞》中指出:"吾所谓利者,义之本也。"

总之,在法家看来,人性好利,人与人之间也是纯粹的赤裸裸的利益关系,"利"则是人的一切行为和交往的唯一动力。在这种义利观的支配下,法家思想家们也触及到了公和私的话题,法家肯定"利",但有"公、私"之分,他们主张去私行公。法家所言的"公"是以君主的利益为大,"私"当然是指受君主统治的人民。商鞅在《商君书·修权》中断言:"故公私之交,存亡之本也。"因为"公私之分明,则小人不疾贤,而不肖者不妒功"。他的意思是必须"任贤举能",而不是"任人唯亲",这样才能达到公正、公平,才不会引起争议和争夺,危害君王的统治地位。慎到在《慎子·威德》中指出:"凡立公,所以弃私也。"韩非在《韩非子·饰邪》里也指出:"私义行则乱,公义行则治。"意为为了维护"人主之公利",必须去私利、私欲。

7.1.4.4　法术势结合的治国方略

商鞅、慎到、申不害三人分别提倡重法、重势、重术,各有特点。到了韩非时,韩非提出了将三者紧密结合的思想。法指的是健全法制;术指的是君主的权势,要独掌军政大权;势指的是驾驭群臣、掌握政权、推行法令的策略和手段。法术势主要是察觉、防止犯上作乱,维护君主地位。当代学者刘木鱼(刘铎)在《非法非人治》中提到:"法之卫意,在乎君政,政之所为,在乎一道。"

商鞅重"法"。商鞅在秦实行两次变法,主要内容是开阡陌封疆,废除井田制度;承认土地私有,奖励农战,凡勤于耕织而多缴粟帛者可改变原来身份;有军功者可授以爵位;实行郡县制;主张用严刑重罚以杜绝犯罪。但是他排斥道德教化,轻视知识文化的作用。他用发展观点看待历史,提出"反古者不可非,而循礼者不足多","治世不一道,便国不法古"(《韩非子·定法》)。

申不害重"术"。"术者,因任而授官,循名而责实,操杀生之柄,课群臣之能者也,此人主之所执也"(《韩非子·定法》)。为了防备大臣操纵权力、玩弄法柄,申不害建议最高统治者必须用术,君主应以"独视""独听""独断"的手段来实行统治。他认为,"独视者谓明,独听者谓聪。能独断者,故可以为天下主",君主"方寸之机正而天下治,故一言正而天下定,一言倚而天下靡"。君主个人的言论和主张可以决定国家的兴亡,表明了专制独裁主义的思想。

慎到是法家中强调"势"治的一派,主张君主可以"握法处势""无为而治天下"。他从"弃知去己"的观点出发,提出"大君任法而弗躬,则事断于法矣"。他以法为最高准则,提倡"官不私亲,法不遗爱,上下无事,唯法所在"(《慎到·君臣》),强调"法"必须和"势"相结合,把君主的权势看作行法的力量,所谓"贤智未足以服众,而势位足以缶贤者"(《韩非子·难势》),但他又认为国家的存亡并非全由君主一人的力量所决定。"亡国之君非一人之罪也,治国之君非一人之力也。"(《慎子·知忠》)他承认"法"也不是一成不变的,提出"守法而不变则衰"(《唐·欧阳询·艺文类聚》)。

战国末期的韩非将"法""术""势"三者糅合为一,又吸收道家思想,将法治理论系统化。他主张加强君主集权,剪除私门势力,"以法为教",厉行赏罚,奖励耕战。

在历史观方面,他提出"不期修古,不法常可""事异则备变"《(韩非子·五蠹)》的观点,把历史的发展分为上古之世、中古之世、近古之世和当今之世。在哲学方面,他用唯物主义观点改造老子关于"道"的学说,指出"道者,万物之所然也,万理之所稽也。理者,成物之文也"(《韩非子·解老》)。他认为道是万物发展的总规律,理是个别事物的特殊规律;强调人必须遵循客观的规律进行活动。在认识论方面,他提出"参验"的方法,以"功用"的实际效果检验人的言行,认为"无参验而必之者,愚也;弗能必而据之者,诬也"(《韩非子·显学》)。这种把"参验"作为判别知识真伪的思想,对我国古代唯物主义认识论的发展具有重要意义。

先秦法家对以后的一些唯物主义者和进步思想家仍产生了一定的影响。

7.2 法家法治思想对当代大学生思想政治教育的启示

法家以推崇"法治"而得名,强调法、术、势相结合,其思想对中华民族的发展有着巨大影响,同时对当代大学生思想政治教育也有一定的启示意义。

▶ 7.2.1 塑造当代大学生的团队精神

团队精神是指一种团结一致、互帮互助,为了一个共同的目标坚毅奋斗到底的精神,是一种思想、意志、态度、情感状态,是团队成员在完成团队任务过程中,判断事物、决定行为趋向的价值体系。团队精神与法家学说有着密切的关系。先秦诸子学说含有许许多多朴素的团队思想。法家学说中关于组织建设的建设原则与现代团队理论的"团队组建"颇为近似。法家讲的是组织和领导的理论和方法。法家主张国君起用法术之士,利用"法"与"术"来组织人民,组织团体,调度大臣,强调人人必须遵守法令和纪律。在塑造当代大学生的团队精神的过程中要注意下列方面。

7.2.1.1　培养表达与沟通能力

表达与沟通能力是非常重要的,不论你获得了多么优秀的成果,不会表达,不能让更多的人去理解和分享,那就几乎等于白做。比如面试时,每个人的时间也就10分钟,如果不能在有限的时间里好好推销自己,可能就与一个好机会擦肩而过了。我们常说"行胜于言",主要是强调做人应该多做少说。但现代社会是个开放的社会,你的好想法要尽快让别人了解。所以要注意培养表达与沟通能力,抓住一切机会锻炼,积极表达自己对各种事物的看法和意见,并掌握与人交流和沟通的艺术。

7.2.1.2　培养做事主动的品格

人人都有成功的渴望,但是成功不是等来的,而是做出来的。任何一个单位都不喜欢只知道听差的人,不应该被动地等待别人告诉你应该做什么,而应该主动去了解社会需要我们做什么,自己想要做什么,然后进行周密规划,并全力以赴地去完成。

7.2.1.3　培养敬业的品质

几乎所有的团队都要求成员具有敬业的品质。有了敬业精神,才能把团队的事情当成自己的事情,有责任心,发挥自己的聪明才智,为实现团队的目标而努力。要记着个人的命运是与所在的团队、集体连在一起的。这就要求大学生要有意识地多参与集体活动,并且想方设法地认真完成好个人承担的任务,养成不论学习还是干什么事都认真对待的好习惯。要知道,有才能但不敬业的人没人敢用。

7.2.1.4　培养宽容与合作的品质

今天的事业是集体的事业,今天的竞争是集体的竞争,一个人的价值在集体中才能得到体现。大学生在日常生活中,要培养良好的与人相处的心态、宽容与合作的品质,并在日常生活中运用。这不仅是培养团队精神的需要,也是获得快乐的重要方面。

7.2.1.5　培养全局观念

团队精神不反对个性张扬,但个性必须与团队的行动一致,要有整体意识、全局观念,考虑团队的需要。它要求团队成员互相帮助,互相配合,为集体的目标而共同努力。

▶ 7.2.2　促进当代大学生心理健康教育

法家思想以法治为核心,本质上是宣扬强国之道。在中国特色社会主义强国之路上,当代大学生心理健康教育与传承法家思想的合理成分相结合,既有历史渊源,又有现实需求。

7.2.2.1　强化法律观念,培育法治意识

高校要将普法教育与高校思想政治教育、当代大学生心理健康教育紧密结合,积极培育大学生的法治意识和强化法律观念,使其在面对各种心理危机时,自觉规范自身行为,依法办事,自觉远离不合法、不合情理的行为。

7.2.2.2　依法治国与以德治国相结合,倡导社会主义道德

法家思想促进了秦朝的一统局面,但其片面否定道德作用,对秦国二世而亡也有不可推卸的责任。当前我国在推进依法治国的同时,越来越强调以德治国,德法兼治。当代大学生心理健康教育应该关注法律教育的作用,突出道德教化的价值。

7.2.2.3　重塑精神信仰

当代大学生心理健康教育要充分发挥大众传媒的作用,科学分析当前社会发展的形势,弘扬正能量,提高大学生正确分析和处理问题的能力,坚定马克思主义信仰和共产主义理想信念,深入践行社会主义核心价值观,树立危机感、责任感和使命感,强化正面情绪,全面提高自身抵抗挫折的能力。

▶ 7.2.3　培养当代大学生勇于创新的意识和能力

法家提倡改革,改革必须要创新。在改革开放的今天,当代大学生要有勇于创新的意识和能力。着力培养和提高大学生的创新能力,造就一支适应未来挑战的高素质人才队伍,是新世纪给高等教育的重任。当代大学生具有创新潜能,若采取适当的教育教学方式方法,他们的创新能力会大幅度提高。针对大学生创新能力的培养与提高可从下面几个方面进行操作。

7.2.3.1　使当代大学生树立创新的理念

正确的观念导致正确的行动,要培养和提高当代大学生的创新能力,应注重大

学生创新理念的树立与更新。引导大学生树立信心,自觉将自己的创造潜能与学习、事业结合起来。

7.2.3.2　进行课程体系的改革,以适应培养综合型人才的需要

要实践教育创新,必须推进人才培养模式改革,树立多元化人才观,采取多样化的培养方式,因材施教,为创新人才成长创造良好的环境及条件。

7.2.3.3　调整教学内容,改革教学的方式方法

首先,构建一个创新型的教学内容体系,将最新的科学研究成果和科学概念及时地融入教学实践。其次,采取主体参与型的教学模式,改变传统的"满堂灌、填鸭式"的教学模式,树立以学生为主体的教育观念,采取启发式和讨论式教学方法,激发学生独立思考和创新的意识。最后,加强教学的实践环节,鼓励学生参加科技活动,培养他们的创新能力和实验能力。

7.2.3.4　培养一支具有创新素质的教师队伍

教师是实施创新教育的主导,要培养具有创新精神和创新能力的人才,必须要有一支创新型师资队伍。

7.2.3.5　建立一套高效的、科学的评价机制

首先,改革现行的考试制度,学校可以给教师适当的权利,教师根据课程特点、教学内容,采取灵活多样的考试方法,如用书面答卷、科研论文、产品设计、社会调查报告等相结合的方式进行测试,做到知识、能力和综合素质的综合考评。其次,构建综合素质评价指标体系,可以从学生的专业基础知识、思想道德修养、文化技能特长、科技创新能力、组织活动表现等方面进行综合评价。最后,建立有利于学生创新能力培养的激励机制。

7.2.3.6　营造有利于创新人才成长的新型校园环境

学校创新环境包括硬环境和软环境。一方面,要加大创新教育建设的资金投入,改善校园的硬环境,如学校建筑改造、实验室仪器设备的更新等;另一方面,要制定目标、积极倡导、落实措施、合理组织、有效监督、正确评价,营造一个良好的创新软环境,即一个平等、信任、宽容、进取的氛围。

7.3 法家的德育思想与当代大学生道德教育

▶ 7.3.1 法家的德育思想

7.3.3.1 顺应时代,祛旧道德,建新道德

秦国之所以能够统一中国,最主要的原因是其顺应了历史的发展规律,即天下盼望统一的大趋势。先秦法家认为,凡是违背这个大趋势的就是不道德,而祛除那些有违于这个大目标的行为举止的就是道德。他们认为,搞得当时天下纷乱不已的大约就是"约纵离横"的战略了。韩非说,约纵者,君王之权交托于谋臣,小国的土地由谋臣支配,结果秦国的威胁并没有消除,而得利的只是谋臣说客。秦国采用远交近攻的手段对付约纵,结果也只是穰侯、范雎之流的封地在一天天扩大,而秦国的土地却分寸未益。所以,必须用新的战略思想来处理天下问题。那些真正能为秦国带来巨大利益、真正能够让天下百姓安身立命者,才为道德。"伊尹以中国为乱,道为宰于汤;百里奚以秦为乱,道为虏于穆公……故谓之仁义。"(《韩非子·难一》)以此为准则来衡量那些被世人尊为"贵生之士""文学之士""有能之士""辩智之士""廉勇之士"和"任誉之士"的"六民",都是不道德之人。而新道德观念要求人们把以下这些人视为有道德和令人尊敬者。他们是"赴险殉难,死节"之人;"寡闻从令,全法"之人;"力作而食,生利"之人;"嘉厚纯粹,整谷(善)"之人;"重命畏事,尊上"之人;"挫贼遏奸,明上"之人。因为他们才是社会最需要的人,所以,他们才是有道德和值得尊敬的人。而君王要做的事情就是抵制"六种反常",即祛除旧六种人,教育民众做新"六民"。

7.3.3.2 讲信

法家的讲信与儒家很不一样。从管仲算起,讲信就一直是法家德育思想的主

要特征。比如,管仲"九合诸侯,一匡天下"的成功经验之一就是讲信。管仲治好齐
国内政后,马上广交朋友,予人以好,给人以利,树立起信誉的标杆,让大家都相信
齐国说话是算数的;然后号召大家尊崇周天子,"挟天子以令诸侯",维护天下秩序。
齐桓首霸,使天下获得数十年安宁,百姓生命有了基本保障,中原文化得到传承。
所以孔子喟然曰:"桓公九合诸侯,不以兵车,管仲之力也。如其仁!如其仁!"(《论
语·宪问》)而商鞅变法,为了取信于民,他命人在城之南门"立三丈之木",规定:有
人能"徙置北门","予五十金"。有一人"徙之",果然得到这五十金。一年以后,
"秦民之国都言初令之不便(变)者以千数"。

　　到了韩非,更是从理论高度阐释信誉问题。信誉是关乎国家生死存亡和个人
成功与否的关键。法家讲信,是用最直接、最明确的方式,一点不需要弯弯绕绕。

7.3.3.3　强调实际功用

　　在《韩非子·外储说左上》中,韩非讲了许多有实用功效的故事。有秦伯嫁女、
"买椟还珠",棘刺之端"为母猴","客有教燕王为不死之道"等故事。我们挑选两个
故事加以说明。其一,墨子制造了一个"木鸢",花了三年时间,结果"蜚一日而败"。
其弟子夸赞老师,竟然"能使木鸢飞"。墨子说,我不如"为车輗者巧也。用咫尺之
木,不费一朝之事,而引三十石之任,致远力多,久于岁数。"其二,讴癸带领工人为
宋王"筑武宫"。他引领着大家唱打夯的歌,行人停下观看,工人们也不累。"王闻,
召而赐之。"讴癸说,我的老师比我唱得还好。王把讴癸的老师射稽请来。射稽引
领着工人们唱打夯的歌,结果"行者不止,筑者知倦"。王说:"行者不止,筑者知
倦。"这怎么能说你唱得不如射稽好呢?讴癸说:请大王"试度其功"。讴癸引领工
人们夯筑"四板",而"射稽八板"。再检查一下土墙的结实程度,"癸五寸,射稽二
寸"(射稽之墙坚硬一倍半)。这就是以实际功效为原则的德育思想的表现。这也
是韩非在《韩非子·五蠹》篇中,将儒家、言谈家、带剑者、患御者(逃避兵役者)和商
工之民,皆视为蛀虫的原因。他说"儒以文乱法"。比如,有个叫"直躬"的人,其父
窃羊,他告官,结果"令尹"说,杀了他(直躬)。因为子为父隐就是儒家的美德。但
是这在韩非看来,"君之直臣,父之暴子也"。君王如果"兼礼之",那么百姓就不知
何去何从了。"此所以乱也。"又比如"患御者"。"鲁人从君战,三战三北。"(《韩非
子·五蠹》)孔子询问其故,这个人说,我有老父亲在,如果我死了,他将无人养活。

孔子认为此人是孝子,就推举这个人做了官。韩非说,这简直是在破坏君王的权威,是在添乱和帮倒忙。他说,像这种逃兵竟然得到奖赏,这就是鲁国的士兵都轻易败北的原因。当今"人主"如果不祛除"五蠹",听任"五蠹"谋私利,那么,不仅"乱"而已,必将使"公利灭矣"。

7.3.3.4 尊法为德

韩非在《韩非子·六反》篇中有这样看似偏激的论述:"君不仁,臣不忠,则可以霸王矣。"为什么呢?他说,为父母者,生男则"相贺","产女则杀之"。男、女孩都是自己所生,为什么这样残忍呢?因为"虑其后便,计之长利也"。而君臣之交,本身没有像父母与子女之间那样的恩泽关系,君主却想用仁慈"禁下",这不是明摆着行不通的吗?那么,靠什么使臣子为君王服务呢?唯有以法。"人主使人臣虽有智能,不得背法而专制;虽有贤行,不得逾功而先劳(自行犒赏);虽有忠信,不得释法而不禁(约束)——此之谓明法。"(《韩非子·南面》)人臣服务于君,不是因为人君的慈爱,而是法律所规定使之然。那么人君用什么来衡量臣下的道德与不道德呢?"霸王者,人主之大利也。"(《韩非子·六反》)人主以"霸王"为标准"听治",规定:凡是有利于此(霸)者为道德,反之则为不道德。这样,人君"任官者当能,其赏罚无私"(《韩非子·六反》)。就是要大家知道,竭尽全力工作,就可以建立功勋并得到"爵禄",成就"富贵之业"。"富贵者,人臣之大利也。"(《韩非了·六反》)人臣为其"大利","行为至死",也绝不会产生怨恨之情。于是在上之君"审于法禁,法禁明著,则官法"(《韩非子·六反》);官法则"赏罚不阿,则民用官"(《韩非子·六反》)。也就是由君王制定法律条款,官吏严格依法办事,民众为官所用、听令行事。而一切尊法的行为,就是道德。"官治则国富,国富则兵强,而霸王之业成矣。"(《韩非子·六反》)尊法为了"霸王","霸王"为了统一,统一顺应民心,所以尊法就是德育思想。

守法的意识本质上已升华为道德意识。古人说"德,得也",这里的德,可以理解为广义的德,也包括政治、法律等。这些规范外施于人,内得于己,即为德。引申来说,广义的德和狭义的德,都主要是把外在的行为规范内化为个人自觉意识的结果。因此,法的制定必须有德,法的执行必须显现德。

▶ 7.3.2　法家德育思想对当代大学生道德教育的启示

7.3.2.1　大学生道德现状

近年来,当代大学生道德问题成了为社会各界所广泛关注的热点。有关于大学生道德问题的报道充斥着我们的眼球。现实中出现了一些因为生活琐事对同伴刀刃相见,恋爱不成伤人伤己,遇到需要帮助的人群冷漠相待、麻木不仁,不诚信,作弊等现象使得大众对于大学生道德素质水平产生了怀疑。总结大学生群体存在的道德问题,主要包括以下几个方面。

(1)部分大学生诚信缺失。

诚信问题是大学生道德问题中最为普遍的一个问题。因为诚信问题可谓以小见大。从理论上来说诚信是一个宏大的命题,但却可以渗透到我们日常生活的诸多小的方面。诚信不仅仅是我们人之为人最基本的素质,也是必须要恪守的原则。而当代大学生在诚信方面却出现了一些滑坡的现象,如出现考试作弊现象等。为了暂时利益的取得,部分大学生一次又一次放弃了自己的诚信底线。

(2)部分大学生道德目标自我化、标准多元化、取向功利化和行为庸俗化。

大学生的道德取向不仅仅关乎其自身的发展,同时也在很大程度上关系着整个未来社会的发展走向,因此大学生的道德取向标准不仅仅应该有利于其自身健康成长,同时对于整个社会的良性发展也应该起到很大的作用。然而近年来接连不断的不良事件和趋向的出现反映了我国在校大学生中的一部分人的道德取向模式走向了目标自我化、标准多元化、取向功利化和行为庸俗化。令人忧虑。

(3)部分大学生理想和信念模糊。

在理想和信念方面,部分大学生对奋斗目标不明确,社会责任感缺失,甚至走向思想虚无、游戏人生、玩世不恭等误区;在生活方式方面,部分大学生一味追求享乐的生活方式,把享受和金钱作为生活的唯一目的,甚者盲目地崇洋媚外、大肆铺张浪费、情趣庸俗低俗、追求物质享乐。随着物质生活的大幅度提高,社会生活的多姿多彩及其巨大的诱惑力,使得有的学生为了追求生活享乐,不惜套用多张信用卡以维持日常开支,最后因无力偿还而锒铛入狱;有的学生沉迷于网络世界的声色犬马而无法自拔;有的学生信奉"宁愿在宝马车上哭,也不愿在自行车上笑"的拜金观点;等等。这些不得不令我们担忧和警惕,也必须引起我们的深思。

(4)部分大学生社会公德意识淡薄。

社会公德是人们在进行公共生活和社会交往中所必须共同遵守的行为准则，是为全社会所普遍公认的最基本的行为规范。大学生作为社会主义建设事业的接班人和高素质高学历人才，本应该是遵守社会公德的榜样式力量，然而在许多公共场合我们却看到部分大学生公德意识缺失的现象。这种行为不仅有损当代大学生的健康形象，也给公共生活带来了相当恶劣的影响。

7.3.2.2　德育思想对大学生道德教育的启示

法家的德育思想也是通过对"法治"的论证来体现的。法家认为道与德是统一的，强调道德规范的客观性，并将伦理规范与法规视为一类事物，从而将遵守法规纳入道德范畴之中。

(1)法家提倡守法即德，有助于当代大学生形成遵法守法的良好风尚。

法家十分注重法令、纪律的外部约束。因为人是有私心的，如果任凭私欲泛滥成灾，就会危害社会的安定团结。法家主张把人们的私心控制在法令、纪律许可的范围内，认为守法是德。"法令者，民之命也，治之本也。"(《商君书·定分》)尽力守法就是忠、是德。法家重视法度的宣传普及和法制教育，要使百姓都能知晓法律，"万民皆知所避就"，使"境内之民言谈必轨于法"。同时强调法律的公平性。"不别亲疏，不殊贵贱，一断于法。"(《论六家要旨》)认为人是环境的产物，要教育好人，首先要整治好环境，注重的是环境对人的影响作用，以势导人。法家认为营建社会道德风尚的关键在于禁行必罚，禁赏并行，通过政府的赏罚举措在社会上树立强有力的社会公共道德的良性导向，创设良性的社会心理和良好的社会道德舆论氛围。

(2)法家提倡求实，有助于培养大学生认真踏实的治学和处事作风。

法家具有强烈的务实精神和忧患意识。法家对时代特征的基本认定是"当今争于气力"，社会生活的一切，无论是国家政治生活，还是百姓日常生活，都以力的强弱为转移。有实力，才有权威，才有德望，才有社会影响力，道德价值的基础是实力。办一切事情都要"听言观行"，注重效果，用实际效验来衡量。这种务实重利的态度比起那些浮夸虚言、忽视功利的理论要切合实际得多，显得尤为可贵。法家在人生观上主张不靠他人庇护，以自己的力量争得人生地位，实现个体价值。人人要"以力致功"，在法制范围内凭借个人能力公平竞争，自立于世。法家认为，人生在世,应"食有劳而禄有功",依靠自己的劳动谋取衣食,凭借军功领取俸禄,对社会做出贡献。法家坚决反对并废除了世卿世禄制。可见,在法家思想中,个人的道德追求是建立在奋力进取、追求实绩的基础上的,体现了求实务功,积极进取的拼搏精神。在这个层面,大学生接受法家思想的熏陶,无疑有助于自强自立精神的形成。

(3)法家思想以人性自私论为基础,促使大学生更理性地权衡利益与道德的关系。

法家以冷峻的眼光看待世人,看待社会。在法家眼里,人与人之间的关系完全是赤裸裸的利益关系。无论是一般人际关系,还是父子骨肉之间都是冷漠无情的计利关系。"王良爱马,越王勾践爱人,为战与驰。医善吮人之伤,含人之血,非骨肉之亲也,利所加也。"(《韩非子·外储说左上》)法家把人性归结为趋利避害,认为人的私欲之心是人的本质,是现实生活的全部内涵。

法家人性本恶的观点,一方面把人简单地看作动物,否定了人的理性存在;另一方面也不否认,人有生存的需要,有本能、欲望的存在,有对现实的不满足。人性本恶的观点有其存在的合理性,甚至在某种意义上说,人性恶的观点比人性善的观点更为深刻。

正因为法家认为人性是自私的,所以人们的思想道德受利益关系的影响,如果忽视人们的利益关系,再好的道德教育也起不了大的作用。因此,法家的德育活动以尊重人的私利为起点,对人性好利的现实采取承认、尊重的态度,并用"以利相导"的办法来引导社会大众的道德发展方向。法家以顺应和利用人们的名利心来争取民心,化私为公,把人的自私心引导到国家最迫切的任务上来,为生产服务,为富国强兵效力,立意于以利趋义。相比儒家德育以抑制人们的名利、欲望来纯化民心而言,法家思想在大学生的道德培养方面,引导策略更高一筹。

第8章

结 论

前文分析了儒、道、墨、法四家思想及其对当代大学生思想政治教育的价值和启示,得出中国传统文化对大学生思想政治教育有着重要的影响,既包含积极影响,也含有消极影响。因此,在思想政治教育工作中要注意取其精华,去其糟粕。此外,要理解中国传统文化和当代大学生思想政治教育的关系是双向互补的。当代大学生的思想政治教育需要中国传统文化的熏陶,而中国传统文化的传承同样依赖于当代大学生。因而,在大学生思想政治教育工作中,一方面要加强大学生的传统文化教育,另一方面要促使大学生承担起传承中国传统文化的使命。

8.1 中国传统文化对当代大学生思想政治教育有重要影响

中国传统文化对于思想政治教育来说是取之不竭、用之不尽的重要资源。而传统文化总是精华与糟粕并存、长处与短处互见的。因而,它对当代大学生思想政治教育,既有积极的影响,同时也存在着消极的影响。

▶ 8.1.1 中国传统文化的精华及积极影响

8.1.1.1 中国传统文化的精华

(1)团体精神。

在中国的传统文化中,家族团体主义是建立在等级制度基础之上的。在一个家族团体内,以家族利益为最高目标,追求家族利益的最大化,强调团体(整体)重于个人,个人无条件服从整体,强调家族内部以伦理关系为基础的和谐与稳定。这种文化固然有压抑个性,不利于创新和竞争的消极作用,但它作为一种持续了几千年的群体精神,对今天的现代化建设还是具有积极意义的。

（2）和谐思想。

中国传统文化中的和谐思想源于中庸之道和天人合一观。中庸之道于人们追求创新、竞争不利，天人合一观于人们改造自然、向自然索取不利。但其中体现出来的和谐思想还是具有积极意义的。如中庸之道主张人与人要和谐，讲"仁""爱""诚""中和"，处理人与人之间的关系要不偏不倚，不说过头话，不做过头事，把握事物要有"度"。天人合一观提倡人与自然要和谐，做事要顺应自然规律，使人与自然一体。这种和谐的思想深深影响着中国人的为人处世方式。

（3）人本思想。

人本思想在中国传统文化中大体包括三层意思：首先是把人看成天地万物的中心，深信价值之源内在于心。孔子曰："人能弘道，非道弘人"，这与西方传统文化中以上帝和神为最高标准的神本文化截然有别。其次是强调"爱人"思想。孔子把"仁"作为其学说"一以贯之"的原则和最高道德标准，而"仁"的内涵就是"爱人"，强调从无私的动机出发，舍己利人，舍己爱人。最后指出人只要努力，皆可成才。孟子云："人皆可以为尧舜。"这种人本思想是现代企业以人为中心的管理的文化基础。

（4）求实精神。

中国传统文化表现出很强的求实精神。这在儒家、道家及法家等文化中都有体现，如儒家的经世致用、道家的"无为"中蕴含的"无不为"、法家的奖励耕战等。求实精神的主要表现：一是积极入世的人生态度，重视人生理想，也重视现实；二是朴实无华的民族性格，经商、治学都讲究脚踏实地和扎扎实实。当然，这种求实精神的形成也受封建统治推行愚民政策因素的影响。在封建统治下，广大农民在政治上被排斥，个人尊严受到压抑，只能把注意力集中到如何生存的"实际"上。因此，传统文化中的求实精神的内涵不可能与现代企业所要求的求实精神完全吻合，但它作为一种长期存在的精神，对企业文化的形成和发展是有积极影响的。

（5）爱国主义精神。

中国古代社会存在着黑暗、蒙昧、剥削、专制的一面，因而中华民族不断产生改变这一切的思想和理想，不断涌现出"为民请命""先天下之忧而忧，后天下之乐而乐"、力求"富天下、强天下、安天下"等的民族英雄和仁人志士。历经数千年的历史演变形成了一种追求自由、反对剥削、为国图强的爱国主义精神，尤其是在中华民族遇到危难时,这种爱国主义精神又衍生出巨大的凝聚力、向心力和民族责任感。尽管历史上的爱国主义精神客观上存在着一定的阶级局限性和时代局限性,但这种精神却不失为中华民族历史遗产中的瑰宝,不失为中华民族的灵魂,它激励着中国人世世代代为保卫祖国、变革图强、追求社会进步而献身,也成为现代企业的精神支柱。

(6)吃苦耐劳、勤奋自强的品质。

中华民族以农立国,数千年来一直在这片土地上繁衍生息,辛勤劳作,不仅形成了劳动人民淳朴务实的精神,也锤炼出劳动人民勤劳勇敢、吃苦耐劳、忍辱负重、自强不息的品质。在历史上,中国的农业、手工业曾领先于世界其他国家,科学技术的成就也十分显著,指南针、造纸术、火药、印刷术四大发明对世界文化的发展做出过卓越贡献。还有中国数千万海外侨胞,他们远离故土,白手起家,艰苦奋斗,在世界和中华民族史上写下了光辉的篇章。这些都是中国人民吃苦耐劳、勤奋自强品质的真实写照。与吃苦耐劳、勤奋自强的品质相联系,中国劳动人民还把勤俭视为美德,把浪费看成是不道德的,注重财富的积累,节约观念极强。

(7)诗情画意的审美文化。

中国传统文化中有着完整的美学理论体系和基本范畴,崇尚自然之美的审美情趣,注重"陶冶性情"的审美育人,为大学生思想政治教育提供了丰富的美育资源。

中国传统文化中有着浓厚的崇尚自然之美的审美情趣。在中国传统文化中,以道家为代表,崇尚自然美。庄子认为美的事物应是真实无伪。魏晋南北朝以后,审美趣味更倾向于推崇自然之美。在中国士大夫心目中,自然之美成了最高的艺术境界。

8.1.1.2　中国传统文化对当代大学生思想政治教育的积极影响

首先,有助于提高大学生的思想道德水平。伦理道德是中国传统文化的重要内容,"贵仁重德"历来是受大家所推崇的,儒、墨、道、法家都认为,每个人都应该有崇高的理想、信念和道德。当前在校大学生大多数是"80后""90后",有个别人有时做出违背道德标准的行为,而中国传统文化中所包含的很多思想,如"厚德载物"的宽厚包容,"百善孝为先"的孝道思想,"克勤克俭"的勤劳简朴,"言忠信,行笃敬"的诚信品质等,都对提高大学生思想道德水平有积极的影响。其次,有助于培养大学生良好的意志品质。当今在校大学生由于特殊的成长环境,部分人从小娇生惯养,缺少吃苦耐劳精神和独立能力。而中国传统文化中"头悬梁,锥刺股""只要功夫深,铁杵磨成针"的刻苦精神,"见贤思齐"的自律精神,"天行健,君子以自强不息"的自强精神等,都对大学生形成良好的品质具有积极的影响。再次,有助于激发大学生强烈的爱国主义情感。爱国主义是中华民族崇高的精神追求、精神支柱和优秀品格。随着全球化的发展,西方许多思想文化纷纷涌入,而青年人、大学生容易受到不良思想的侵蚀。中国传统文化中许多内容都闪烁着强烈的爱国主义精神,发展过程中不断丰富的革命精神和时代精神,都有助于激发、强化大学生的爱国主义情感。最后,将优秀的传统文化作为大学生思想政治教育的美育资源,对大学生的全面发展具有积极作用。

▶ 8.1.2　中国传统文化的糟粕及消极影响

8.1.2.1　中国传统文化的糟粕

"糟粕"原指造酒剩下的渣滓,现在用来比喻废弃无用的事物。

(1)颓废的做事心态。

现代有些人积极进取少,等靠多,这种现象除与长期的农耕思想有关外,最主要的就是受一些中庸思想的影响。人生活在自然界,就要认识自然的规律,就要改变不合理的要素,不要误解"人定胜天"。要改变事物就要进取,就要主动。细想一下,我们的任何工作都是改变事物的,生产产品就是改变材料的原来状态满足人们的需要,管理就是改变人和物的原来状态,达到我们设想的目标。改变事物的原来状态就要面临很多困难,这就是工作的意义所在,也是我们之所以存在的理由。有些人往往把工作看成是在遭罪,是维持生计的手段,所以遇到困难时更多采取逃避和掩盖的颓废做法,困难解决不了,目标就不可能达成。要达成目标就要解决现实中出现的困难,而解决困难是非常辛苦的,所以部分人的做法是降低目标要求,妥协于现实困难,这是不可取的。

(2)纲常礼教。

在中国漫长的封建社会进程中,三纲五常是重要的道德原则之一,这条原则的基本精神是封建统治集团的利益绝对高于个人的利益,个人的价值、尊严、个性等都是某种偶然性的东西,把封建等级制度、政治秩序神圣化为宇宙的根本法则,这是封建社会的伦理思想。这种封建的纲常礼教在两千多年来束缚人们思想和行为,是阻碍社会进步的沉重枷锁。

(3)崇古守旧。

崇古守旧表现在人不思进取和革新。这是传统文化思想的一个缺陷所在。这种对上古社会的推崇在一定程度上导致部分人厚古薄今思想的形成,这种思想阻碍了人们的创造活动,影响了人们的创新进取精神。

8.1.2.2 中国传统文化对大学生思想政治教育的消极影响

中国传统文化作为意识形态,受每个时期物质、经济情况的影响,会产生一些腐朽的思想观念,这些思想观念通过多种途径对大学生产生消极影响。首先,不利于大学生竞争意识的培养。中国有些传统文化片面强调和谐而排斥竞争,不利于大学生竞争意识的培养。其次,不利于大学生法制意识的培养。中国传统文化重德轻法,较重宣传"德治"而忽视"法治",对培养大学生的民主法制观念产生负面影响。最后,不利于大学生创新意识的培养。中华民族心理上的好古、保守的习惯,在一定程度上阻碍人们的创造活动,影响大学生创新意识的培养。

8.2　加强当代大学生的传统文化教育

▶ 8.2.1　当代大学生传统文化教育现状

8.2.1.1　高校对中国传统文化的重视不够与传播途径较少

近几年来,我国高校思想政治教育的开展一部分采取给学生统一安排公共必修课的方式,显得单调。面对这一困境,我们需保持冷静,理清思路,抓住主要矛盾,开辟有效的渠道颂扬中国传统文化。如与当代大学生形势政策课或政治学习相结合,利用各类讲座、活动、交流、展示等形式,把传统文化融入课程与活动中,让大学生感性地接触传统文化并愿意参与探讨与践行。

8.2.1.2　高校对中国传统文化的认知和提炼不够

高校思想政治教育应坚持以人为本,以学生为主体,以育人为中心,以培养德智体美全面发展的高素质创新型人才为目标,以提高学生的思想政治品德素质为核心,以教会学生学会做人为起点和落点,而这些做人的基本准则与道理都蕴含在中国传统文化中。中国传统文化是伦理型文化,注重人的道德修养,其中提倡的"百善孝为先"的孝道思想,"言忠信,行笃敬"的诚信品质,"己所不欲,勿施于人"的宽容品质,"三人行,必有我师焉"的谦虚思想,"容止若思,言辞安定"的礼仪风范都是当代大学生所需要大力提升的优秀思想道德品质。因此,把中国优秀传统文化融入当代大学生思想政治教育中,对于塑造大学生的优良品德,陶冶高尚情操,提升道德境界,树立完善人格,具有不可忽视的重大价值。

8.2.1.3　高校具有传统文化内涵的教师队伍不足

师资力量薄弱,数量和质量难以满足对传统文化课程的教学要求。有学者调查表明,在北京地区,从事传统文化课程教学的专职教师基本集中在少数文科学院。例如,清华大学的传统文化学习集中在人文社科学院下属的中国语言文学系,下设有古典文献研究中心、中国书法与文化研究中心等,在编教师 26 人,相比 2016 年 12 月底统计的 3414 人的教师总量仅占 0.7%;北京理工大学从事传统文化课程教学的教师主要集中在中文系;北京航空航天大学、北京林业大学、中国地质大学等理工类院校基本没有设置专门的开展传统文化教学的系所。由此可见,目前我国高校在传统文化方面的师资力量不足,应引起重视。

▶ 8.2.2 当代大学生传统文化教育途径

8.2.2.1 传统文化教育融入当代大学生思想政治教育课

把传统文化教育融入当代大学生思想政治教育并不困难。我国的传统文化包含着建设中国特色社会主义所需要倡导的价值观和方法论。如传统文化中的"修身、齐家、治国、平天下"就与"富强、民主、文明、和谐,自由、平等、公正、法治,爱国、敬业、诚信、友善"的社会主义核心价值观相得益彰。"天下兴亡,匹夫有责"的爱国传统,"天行健,君子自强不息"的民族精神,"仁者爱人""民胞物与"的大爱情怀,"乐以天下,忧以天下"的忧患意识,"人无信不立"的做人准则,"和而不同"的思维方式也都是我们应该具备的。

8.2.2.2 依托"第二课堂"丰富中国优秀传统文化教育活动的内容和形式

"第二课堂"是面向当代大学生开展教育活动的主要阵地,也是传播中国优秀传统文化的重要渠道。学校应积极扶持和引导"第二课堂"活动的开展,既充分调动学生接触中国优秀传统文化的积极性,又寓教于乐实现自我教育。

一是邀请知名国学学者来校讲座,培养学生学习中国优秀传统文化的兴趣。

二是扶持以传播中国优秀传统文化为目标的学生社团。如以中国优秀传统文化教育为主题的专题报告会、征文、演讲、辩论赛、知识竞赛等,把课堂传授与校园文化活动相结合,相互补充,使学生把中国优秀传统文化与自己的日常学习、生活和行为规范联系起来。

三是高校依托地方文化的底蕴,通过开展以古典艺术、古代科学、民族语言、人文景观、传统佳节、典型物品、风俗习惯、传统手艺、文学著作、儒家思想等为主题的社会调查和大学生实践活动,从社会生活中的人和事,从文化古迹中亲身感受传统文化的存在和价值,从中受到潜移默化的影响。

四是充分利用新媒体在宣传优秀传统文化方面的独特作用。当前网络已使大学生的生活方式和获取知识的途径发生了深刻的变化,高校应适应这一时代潮流,积极做好优秀传统文化的融入工作,如打造含有优秀传统文化的校园文化 APP 客户端等,引领大学生深刻领悟传统文化的内涵,培养大学生学习传统文化的兴趣。

8.2.2.3　注重发挥教师自身的榜样和示范作用

优秀传统文化融入当代大学生思想政治教育的关键在于师资队伍建设。教师是这项工程的实施主体,同时又担负着学生的教育与培养重任。教师的品格和文化素养在一定程度上影响着学生的行为方式,对学生未来的人生发展、成长成才具有深远的影响。"学高为师,身正为范",因此教师要注重个人的品德修养、言谈举止,尤其要注重提高自身在传统文化方面的知识储备和认识水平;要善于用传统文化来剖析社会热点,善于以文化的视觉来分析解决学生所面临的实际问题。只有这样,思想政治教育工作才更具有说服力。

此外,高校应重视对从事大学生思想政治教育工作的教师进行传统文化方面的培训和教育,为优秀传统文化融入大学生思想政治教育这项系统工程奠定坚实的人才基础。

8.2.2.4　培养学生阅读经典文化习惯

"天行健,君子以自强不息。""地势坤,君子以厚德载物。"传统文化把道德教育、道德修养和道德实践看成是一个相互联系的完整系统,强调在树立崇高理想、信念和道德人格的同时,进行实践。高校可以将有关传统文化的书籍通俗化,使其易懂,以符合学生的阅读水平,便于学生阅读和接受;倡导学生读有关经典思想的经典名著,使学生在一个比较轻松的氛围中学习中国传统文化。

阅读经典并不是将经典看作文化古董或过去的遗产,而是理解它们所阐述的基本思想和基本问题。学习和接受经典文化的过程中梳理和理清传统文化中的"精华"和"渣滓",这本身也是研习、重新诠释"经典"的学习机会。而且,更为重要的是,经典文化之所以被称为经典,乃因为"经典"能经得起不同时期的挑战。经典文化也不是一成不变的,而是在不断发展、不断回应新时代提出的种种挑战。

　　阅读经典并非易事。事实上,经典也许是最难的书籍,因为它们内容最丰富,
也最为深奥。不要期望在第一次阅读时就能很好地理解经典,甚至也不要期望经
过多次阅读就能完全掌握经典。阅读经典的难度在于要反复去阅读,这需要耐心
和毅力,要求精神上的努力,因而可能会引起相当大的精神上的痛苦。但是正是经
典难以阅读的特点,使得经典比其他书籍更值得阅读。

8.3　促进当代大学生传承中国传统文化

　　在中华民族艰难而辉煌的发展历程中,优秀传统文化薪火相传、历久弥新,始
终为国人提供精神支撑和心灵慰藉。当代大学生肩负着传承传统文化的历史
使命。

▶ 8.3.1　当代大学生肩负传承中国传统文化传承使命的必要性

8.3.1.1　实现文化强国的需要

　　能否实现文化强国与当代大学生对于我国文化的态度有着十分紧密的联系。
大学生只有增强文化自信,才能更好地把握和继承我国的优秀传统文化,为我国文
化软实力的增强打下坚实基础;才能在受到当今世界各种文化思潮的冲击时,不盲
目崇拜外国文化,在处理本国文化与西方文化时,有一个正确的态度和立场;才能
在以后的学习生活中更好地将中国文化推向世界,加强在国际文化交流中的自信
和责任感。

8.3.1.2　认同中国文化的需要

　　当代大学生作为国家的未来和民族文化的继承人,只有对本国的文化和文化
的实力有充分的肯定,认识到本国文化的独特优势和发展前景,真正树立起对本国
文化的自信,才能更主动地接受和学习民族文化,更好地继承和发展民族文化,在
面对西方文化的冲击时能保持清醒的头脑,为民族文化的真正强大和在世界上的

发扬打下坚实的基础。

8.3.1.3 当代大学生全面发展的需要

1848 年,在《共产党宣言》中,马克思指出未来的共产主义社会将代替那存在着阶级和阶级对立的资产阶级旧社会:"将是这样一个联合体,在那里,每个人的自由发展是一切人的自由发展的条件。"在马克思的价值世界中,人的自由而全面的发展既是人自身发展的终极追求,也是社会进化的理想状态。个体的全面发展不仅需要外在的培养和塑造,更需要内在的修养与提升。自身的文化素质更是需要内外兼修,以高度自知、反省和觉悟来塑造自己。因此,提高当代大学生自身发展的素养就是要有高度的文化自觉。自觉是大学生全面发展的重要条件。大学生既要深刻认识事物的本质,又要理性反省事物的特征,使自己擅长辩证思维。大学生是文化的继承者和文化现代化的实践者,需要具有高度的文化自觉与文化责任感,全面发展。

▶ 8.3.2 培养大学生传承中国传统文化的责任和意识

作为传承中国传统文化的当代大学生,需要具有高度的文化自主性、理性批判性以及文化反省能力。

8.3.2.1 培养文化自主性

文化是由人创造的,人们在社会生活实践中进行着各种各样的创造性活动,并生活在文化的环境中,接受文化的影响、选择、塑造和创造。于是,个体在特定文化状态下的生存样态,便成为一种文化人格,即个体在接受特定文化熏陶时,通过对特定文化的内化及个体社会化后所形成的稳定的心理结构和行为方式,具体表现为气质、性格、个性特征、价值观念、思维方式等。与之相关的,人格特征的主体性就是"指一种整体的、独特的、有利于弘扬人的主体性、开发人的创造潜能、实现人的内在价值的人格范型"。它是人自由全面发展的根本保证,也是人自由全面发展的核心和精神实质。

伴随着文化发展,旧有的依附性人格越来越不能适应人格现代化的要求。这种传统的依附性人格不仅使现实的人成为被动的人,而且扼杀了人类本性中应有的创造性动机。当代大学生是未来社会的中坚力量,大学生的主体性建构关系到整体国民人格现代化转型的成败。大学生需要在当前多样化的社会文化环境中成为不盲从、不犹豫、不依赖别人、敢想敢为、积极主动、自觉自信的能动的、自由的人。

(1)文化自觉意识。

社会学家费孝通先生认为文化自觉是指生活在一定文化历史圈子的人对其文化有"自知之明",并对其发展历程和未来有充分的认识。这种自知之明其实就是在文化转型的时代境遇之下,为提高对文化转型的自主能力,要加强主体在进行文化选择时的自主性与独立性。费孝通先生于 1997 年首次提出"文化自觉",是为应对全球一体化发展而提出的解决人与人关系的方法,即是与异域文化相接触的人的处理态度:应具有世界眼光,能够理解别的民族文化,也要懂得反思自己的文化。同时,费先生以"各美其美,美人之美,美美与共,天下大同"作为"文化自觉"历程的概括。为此,大学生一方面要对本土文化有深刻而全面的了解与认识,把握其发展趋势与方向;另一方面也要对外来文化持中立的态度,强调在相互尊重与相互理解基础上的共同进步。

(2)文化责任意识。

大学生是文化的继承者和实践者,不仅要对文化有觉悟,更要明白发展文化是自己义不容辞的责任,要主动担当发展文化的历史使命。文化现代化的发展对我国文化发展提出了新的时代要求。大学生作为当前文化发展的主体,在民族文化的传承、转化和创新过程中发挥着巨大作用,是文化自觉和文化自信的倡导者和推动者,因此应担当起推动我国文化建设与创新的责任,并要对自身民族文化的过往、现实和发展趋向有较为明晰的体悟和感知,尤其是面对全球化进程中隐蔽性文化入侵,大学生必须保持高度的文化责任意识,积极主动地维护国家文化主权与文化安全。

(3)文化自信意识。

文化自信,是一个国家、一个民族对自身文化价值的充分肯定。大学生在面向世界、走向世界的过程中要做到高度的文化自信,一是要自觉提升自身全面综合素质,做到对自身素质的高度自信,在价值追求、人文修养、言行品德上高度自觉,不断与时俱进,以博采众长心态对待各种文化冲击;二是自觉全面丰富和掌握中华民族五千多年沉淀下来的文化精髓,做到对民族文化的高度自信,做到既要有世界眼光、国际意识,又要有民族自尊心、自信心,既懂得保持本民族价值规范体系,又能融入世界优秀文化中,不断借鉴人类文明的有益成果,推动中华民族文化的传承与发展。

8.3.2.2 坚持文化理性批判继承

当前中国文化呈现出多元互动、错落发展的态势,传统文化与现代文化、西方文化与本土文化激烈碰撞。当代大学生在这种复杂的情况下,应科学对待文化,让各种文化互相交流,相互学习与借鉴,同时运用自身合理的文化批判理论,不陷入文化信仰危机,正确对各种文化进行有效的选择与扬弃,理性传承和发展民族文化。

(1)辩证地继承。

中国传统文化是中华民族生生不息、发展壮大的丰厚滋养,也是我们今天全面深化改革和推进社会主义现代化建设的强大精神力量。要认真汲取中国优秀传统文化的思想精华和道德精髓,大力弘扬以爱国主义为核心的民族精神和以改革创新为核心的时代精神,使中国优秀传统文化成为涵养社会主义核心价值观的重要源泉。当然必须清楚地看到,在中国传统文化中也有一些糟粕性的东西,正如当年毛泽东所指出的那样:"清理古代文化的发展过程,剔除其封建性的糟粕,吸收其民主性的精华,是发展新文化提高民族自信心的必要条件;但是决不能无批判地兼收并蓄。"因此,在强调继承中国传统文化精髓的同时,也要知道:"对历史文化特别是先人传承下来的价值理念和道德规范,要坚持古为今用、推陈出新,有鉴别地加以对待,有扬弃地予以继承"。

(2)创造性地转化。

继承中国优秀传统文化不能照搬照抄、囫囵吞枣,关键要对其进行"创造性转化"。在对待中国传统文化时,要处理好继承和创造性发展的关系,重点做好创造性转化和创新性发展工作。要实现对中国传统文化的创造性转化,一是要使中国传统文化与当代文化相适应,使中国传统文化和传统美德为社会主义先进文化建设服务,为提升当代中国文化软实力、建设社会主义文化强国服务;二是要使中国传统文化与现代社会相协调,认真挖掘中国传统文化中的"精华",并赋予其新的时代内涵,使之真正成为推进改革开放和社会主义现代化建设的精神动力;三是要用符合时代需要和大众口味的形式对传统文化作出新的"阐释",使之以人们喜闻乐见、具有广泛参与性的方式推广开来。

(3)创新性地发展。

继承中国优秀传统文化的目的是进一步促进中国传统文化的与时俱进,推进中国传统文化的创新性发展。要实现中国传统文化的创新性发展,一是要促进中国传统文化与时代精神的结合,赋予传统文化新的时代内涵,比如,社会主义核心价值观所强调的爱国、友善、诚信、公正、和谐等理念,就是把中国传统文化所强调的"讲仁爱、重民本、守诚信、崇正义、尚和合、求大同"的传统价值理念与当今时代特征和我国实际相结合发展而来的,是中国传统价值观的创新性发展。二是要既立足于本国国情又要面向世界。在当今改革开放新的历史条件下,要实现中国传统文化的创新性发展,必须根据本国国情的需要,认真吸收借鉴世界文明成果之精华,形成面向现代化、面向世界、面向未来的民族的科学的大众的社会主义先进文化,比如,社会主义核心价值观所强调的自由、平等、民主、文明等理念,就是在"吸收了世界文明有益成果"的基础上产生的。

(4)既要反对教条主义,又要反对历史虚无主义。

在对待中国传统文化的态度上,有两种错误思潮值得我们高度警惕并坚决抵制:一种是教条主义地对待中国传统文化。持这种态度的人把传统文化视为铁板一块的"高大全",不加分析地照搬照抄、全盘肯定。他们看不到传统文化的"糟粕性""封建性"和"局限性",主张用中国传统文化"代替"社会主义新文化,用所谓"新儒学"取代马克思主义理论。这种教条主义态度不仅不利于我们弘扬中国优秀传统文化,而且会给我们今天的现代化建设事业带来非常严重的危害。另一种就是全盘否定中国传统文化的历史虚无主义思潮。这种思潮把中华民族的"民族性""传统性"贬得一无是处,把中国传统文化视为"沉重的包袱""历史的惰力",主张"要反传统",彻底"摆脱中国文化的传统形态""根本改变和彻底重建中国文化"。这种不分青红皂白全盘否定中国传统文化的历史虚无主义思潮,不仅在理论上是完全错误的,而且在实践上也是十分有害的。在对待中国传统文化这个事关国家富强、民族振兴、人民幸福的战略性问题上,我们一定要以习近平同志的重要论述为指针:"对我国传统文化,对国外的东西,要坚持古为今用、洋为中用,去粗取精、去伪存真,经过科学的扬弃后使之为我所用。"这就是我们对待中国传统文化的科学态度。

8.3.2.3 提高文化反省能力

大学生高度重视自身文化反省能力的培养,就是要提高文化批判、文化反省和文化创造的能力,要主动积极地推动社会主义文化发展。文化批判是文化反省的基础,文化反省是文化创造的核心,文化创造则是社会文化发展的根本动力和支撑。文化反省,需要有一定的目的性和系统性,甚至要有深刻性和批判性的文化认知。

面对全球化和文化多元化浪潮的冲击以及我国社会文化环境的变迁给当代文化发展提出的新要求,通过对大学生在文化主体性、文化比较、文化反思和文化创新方面的深入探讨,可以看到中国传统文化的发展与重建和大学生文化使命的内在联系和基本规律,希望我们的研究和探索能促进大学生在"我们的这个时代"里自觉地坚守中国文化的未来。

附　录

中共中央国务院关于进一步加强和
改进大学生思想政治教育的意见

（中发〔2004〕16 号文）

为深入贯彻党的十六大精神,适应新形势、新任务的要求,提高大学生的思想政治素质,促进大学生的全面发展,现就进一步加强和改进大学生思想政治教育提出以下意见。

一、加强和改进大学生思想政治教育是一项重大而紧迫的战略任务

1.大学生是十分宝贵的人才资源,是民族的希望,是祖国的未来。目前,我国在校大学生包括本科生、专科生和研究生约有 2000 万。加强和改进大学生思想政治教育,提高他们的思想政治素质,把他们培养成中国特色社会主义事业的建设者和接班人,对于全面实施科教兴国和人才强国战略,确保我国在激烈的国际竞争中始终立于不败之地,确保实现全面建设小康社会、加快推进社会主义现代化的宏伟目标,确保中国特色社会主义事业兴旺发达、后继有人,具有重大而深远的战略意义。

2.改革开放特别是党的十三届四中全会以来,党中央坚持"两手抓、两手都要硬"的方针,切实加强和改进对大学生思想政治教育工作的领导。各地区各部门和高等学校认真贯彻落实中央要求,加强和改进思想政治教育工作,在培养高素质人才,推动高等教育改革发展,维护学校和社会稳定等方面发挥了重要作用。当代大学生思想政治状况的主流积极、健康、向上。他们热爱党,热爱祖国,热爱社会主义,坚决拥护党的路线方针政策,高度认同邓小平理论和"三个代表"重要思想,充分信赖以胡锦涛同志为总书记的党中央,对坚持走中国特色社会主义道路、实现全面建设小康社会的宏伟目标充满信心。

3.国际国内形势的深刻变化,使大学生思想政治教育既面临有利条件,也面临严峻挑战。国际敌对势力与我争夺下一代的斗争更加尖锐复杂,大学生面临着大

量西方文化思潮和价值观念的冲击,某些腐朽没落的生活方式对大学生的影响不可低估。随着对外开放不断扩大、社会主义市场经济的深入发展,我国社会经济成分、组织形式、就业方式、利益关系和分配方式日益多样化,人们思想活动的独立性、选择性、多变性和差异性日益增强。这有利于大学生树立自强意识、创新意识、成才意识、创业意识,同时也带来一些不容忽视的负面影响。一些大学生不同程度地存在政治信仰迷茫、理想信念模糊、价值取向扭曲、诚信意识淡薄、社会责任感缺乏、艰苦奋斗精神淡化、团结协作观念较差、心理素质欠佳等问题。

4.面对新形势、新情况,大学生思想政治教育工作还不够适应,存在不少薄弱环节。一些地方、部门和学校的领导对大学生思想政治教育工作重视不够,办法不多。全社会关心支持大学生思想政治教育的合力尚未形成。学校思想政治理论课实效性不强,哲学社会科学一些学科教材建设滞后,思想政治教育与大学生思想实际结合不紧,少数学校没有把大学生的思想政治教育摆在首位、贯穿于教育教学的全过程。学生管理工作与形势发展要求不相适应,思想政治教育工作队伍建设亟待加强,少数教师不能做到教书育人、为人师表。加强和改进大学生思想政治教育是一项极为紧迫的重要任务。

二、加强和改进大学生思想政治教育的指导思想和基本原则

5.加强和改进大学生思想政治教育的指导思想是:坚持以马克思列宁主义、毛泽东思想、邓小平理论和"三个代表"重要思想为指导,深入贯彻党的十六大精神,全面落实党的教育方针,紧密结合全面建设小康社会的实际,以理想信念教育为核心,以爱国主义教育为重点,以思想道德建设为基础,以大学生全面发展为目标,解放思想、实事求是、与时俱进,坚持以人为本,贴近实际、贴近生活、贴近学生,努力提高思想政治教育的针对性、实效性和吸引力、感染力,培养德智体美全面发展的社会主义合格建设者和可靠接班人。

6.加强和改进大学生思想政治教育的基本原则是:(1)坚持教书与育人相结合。学校教育要坚持育人为本、德育为先,把人才培养作为根本任务,把思想政治教育摆在首要位置。(2)坚持教育与自我教育相结合。既要充分发挥学校教师、党团组织的教育引导作用,又要充分调动大学生的积极性和主动性,引导他们自我教

育、自我管理、自我服务。(3)坚持政治理论教育与社会实践相结合。既重视课堂教育,又注重引导大学生深入社会、了解社会、服务社会。(4)坚持解决思想问题与解决实际问题相结合。既讲道理又办实事,既以理服人又以情感人,增强思想政治教育的实际效果。(5)坚持教育与管理相结合。把思想政治教育融于学校管理之中,建立长效工作机制,使自律与他律、激励与约束有机地结合起来,有效地引导大学生的思想和行为。(6)坚持继承优良传统与改进创新相结合。在继承党的思想政治工作优良传统的基础上,积极探索新形势下大学生思想政治教育的新途径、新办法,努力体现时代性,把握规律性,富于创造性,增强实效性。

三、加强和改进大学生思想政治教育的主要任务

7.以理想信念教育为核心,深入进行树立正确的世界观、人生观和价值观教育。要坚持不懈地用马克思列宁主义、毛泽东思想、邓小平理论和"三个代表"重要思想武装大学生,深入开展党的基本理论、基本路线、基本纲领和基本经验教育,开展中国革命、建设和改革开放的历史教育,开展基本国情和形势政策教育,开展科学发展观教育,使大学生正确认识社会发展规律,认识国家的前途命运,认识自己的社会责任,确立在中国共产党领导下走中国特色社会主义道路,实现中华民族伟大复兴的共同理想和坚定信念。同时,要积极引导大学生不断追求更高的目标,使他们中的先进分子树立共产主义的远大理想,确立马克思主义的坚定信念。

8.以爱国主义教育为重点,深入进行弘扬和培育民族精神教育。深入开展中华民族优良传统和中国革命传统教育,开展各民族平等团结教育,培养团结统一、爱好和平、勤劳勇敢、自强不息的精神,树立民族自尊心、自信心和自豪感。要把民族精神教育与以改革创新为核心的时代精神教育结合起来,引导大学生在中国特色社会主义事业的伟大实践中,在时代和社会的发展进步中汲取营养,培养爱国情怀、改革精神和创新能力,始终保持艰苦奋斗的作风和昂扬向上的精神状态。

9.以基本道德规范为基础,深入进行公民道德教育。要认真贯彻《公民道德建设实施纲要》,以为人民服务为核心,以集体主义为原则、以诚实守信为重点,广泛开展社会公德、职业道德和家庭美德教育,引导大学生自觉遵守爱国守法、明礼诚信、团结友善、勤俭自强、敬业奉献的基本道德规范。坚持知行统一,积极开展道德

实践活动,把道德实践活动融入大学生学习生活之中。修订完善大学生行为准则,引导大学生从身边的事情做起,从具体的事情做起,着力培养良好的道德品质和文明行为。

10.以大学生全面发展为目标,深入进行素质教育。加强民主法制教育,增强遵纪守法观念。加强人文素质和科学精神教育,加强集体主义和团结合作精神教育,促进大学生思想道德素质、科学文化素质和健康素质协调发展,引导大学生勤于学习、善于创造、甘于奉献,成为有理想、有道德、有文化、有纪律的社会主义新人。

四、充分发挥课堂教学在大学生思想政治教育中的主导作用

11.高等学校思想政治理论课是大学生思想政治教育的主渠道。思想政治理论课是大学生的必修课,是帮助大学生树立正确的世界观、人生观、价值观的重要途径,体现了社会主义大学的本质要求。要按照充分体现当代马克思主义最新成果的要求,全面加强思想政治理论课的学科建设、课程建设、教材建设和教师队伍建设,进一步推动邓小平理论和"三个代表"重要思想进教材、进课堂、进大学生头脑工作。要联系改革开放和社会主义现代化建设的实际,联系大学生的思想实际,把传授知识与思想教育结合起来,把系统教学与专题教育结合起来,把理论武装与实践育人结合起来,切实改革教学内容,改进教学方法,改善教学手段。要加强对思想政治理论课的宏观指导,采取有力措施,力争在几年内使思想政治理论课教育教学情况有明显改善。

12.形势政策教育是思想政治教育的重要内容和途径。要建立大学生形势政策报告会制度,定期编写形势政策教育宣讲提纲,建立形势政策教育资源库。国家机关和地方党政负责人要经常为大学生作形势报告。学校要紧密结合国际国内形势变化和学生关注的热点、难点问题,制定形势政策教育教学计划,认真组织实施。

13.高等学校哲学社会科学课程负有思想政治教育的重要职责。哲学社会科学中的绝大部分学科都具有鲜明的意识形态属性,对于帮助大学生坚定正确的政治方向,正确认识和分析复杂的社会现象,提高思想道德修养和精神境界具有十分重要作用。要坚持和巩固马克思主义在意识形态领域的指导地位,在哲学社会科

学教学中充分体现马克思主义中国化的最新理论成果,用科学理论武装大学生,用优秀文化培育大学生。要发扬理论联系实际的优良学风,发挥哲学社会科学的优势,紧密围绕大学生普遍关心的、改革开放和现代化建设中的重大问题,做好释疑解惑和教育引导工作。要结合实施马克思主义理论研究和建设工程,精心组织编写全面反映毛泽东思想、邓小平理论和"三个代表"重要思想的哲学、政治经济学、科学社会主义、中共党史以及政治学、社会学、法学、史学、新闻学和文学等哲学社会科学重点学科的教材,努力形成以当代中国马克思主义为指导的具有中国特色、中国风格、中国气派的哲学社会科学学科体系和教材体系。

14.高等学校各门课程都具有育人功能,所有教师都负有育人职责。广大教师要以高度负责的态度,率先垂范、言传身教,以良好的思想、道德、品质和人格给大学生以潜移默化的影响。要把思想政治教育融入到大学生专业学习的各个环节,渗透到教学、科研和社会服务各个方面。要深入发掘各类课程的思想政治教育资源,在传授专业知识过程中加强思想政治教育,使学生在学习科学文化知识过程中,自觉加强思想道德修养,提高政治觉悟。要坚持学术研究无禁区、课堂讲授有纪律,严格教育教学纪律,切实加强教材管理,在讲台上和教材中不得散布违背宪法和党的路线方针政策的错误观点和言论。

五、努力拓展新形势下大学生思想政治教育的有效途径

15.深入开展社会实践。社会实践是大学生思想政治教育的重要环节,对于促进大学生了解社会、了解国情,增长才干、奉献社会,锻炼毅力、培养品格,增强社会责任感具有不可替代的作用。要建立大学生社会实践保障体系,探索实践育人的长效机制,引导大学生走出校门,到基层去,到工农群众中去。高等学校要把社会实践纳入学校教育教学总体规划和教学大纲,规定学时和学分,提供必要经费。积极探索和建立社会实践与专业学习相结合、与服务社会相结合、与勤工助学相结合、与择业就业相结合、与创新创业相结合的管理体制,增强社会实践活动的效果,培养大学生的劳动观念和职业道德。要认真组织大学生参加军政训练。利用好寒暑假,开展形式多样的社会实践活动。积极组织大学生参加社会调查、生产劳动、志愿服务、公益活动、科技发明和勤工助学等社会实践活动。重视社会实践基地建

设,不断丰富社会实践的内容和形式,提高社会实践的质量和效果,使大学生在社会实践活动中受教育、长才干、作贡献,增强社会责任感。

16.大力建设校园文化。校园文化具有重要的育人功能,要建设体现社会主义特点、时代特征和学校特色的校园文化,形成优良的校风、教风和学风。大力加强大学生文化素质教育,开展丰富多彩、积极向上的学术、科技、体育、艺术和娱乐活动,把德育与智育、体育、美育有机结合起来,寓教育于文化活动之中。要善于结合传统节庆日、重大事件和开学典礼、毕业典礼等,开展特色鲜明、吸引力强的主题教育活动。重视校园人文环境和自然环境建设,完善校园文化活动设施,建设好大学生活动中心。加强校报、校刊、校内广播电视和学校出版社的建设,加强哲学社会科学研讨会、报告会、讲座的管理,绝不给错误观点和言论提供传播渠道。坚决抵制各种有害文化和腐朽生活方式对大学生的侵蚀和影响。禁止在学校传播宗教。

17.主动占领网络思想政治教育新阵地。要全面加强校园网的建设,使网络成为弘扬主旋律、开展思想政治教育的重要手段。要利用校园网为大学生学习、生活提供服务,对大学生进行教育和引导,不断拓展大学生思想政治教育的渠道和空间。要建设好融思想性、知识性、趣味性、服务性于一体的主题教育网站和网页,积极开展生动活泼的网络思想政治教育活动,形成网上网下思想政治教育的合力。要密切关注网上动态,了解大学生思想状况,加强同大学生的沟通与交流,及时回答和解决大学生提出的问题。要运用技术、行政和法律手段,加强校园网的管理,严防各种有害信息在网上传播。加强网络思想政治教育队伍建设,形成网络思想政治教育工作体系,牢牢把握网络思想政治教育主动权。

18.开展深入细致的思想政治工作和心理健康教育。要结合大学生实际,广泛深入开展谈心活动,有针对性地帮助大学生处理好学习成才、择业交友、健康生活等方面的具体问题,提高思想认识和精神境界。要重视心理健康教育,根据大学生的身心发展特点和教育规律,注重培养大学生良好的心理品质和自尊、自爱、自律、自强的优良品格,增强大学生克服困难、经受考验、承受挫折的能力。要制定大学生心理健康教育计划,确定相应的教育内容、教育方法。要建立健全心理健康教育和咨询的专门机构,配备足够数量的专兼职心理健康教育教师,积极开展大学生心理健康教育和心理咨询辅导,引导大学生健康成长。

19.努力解决大学生的实际问题。思想政治教育既要教育人、引导人,又要关心人、帮助人。高等学校要从严治教,加强管理,改善办学条件,提高教育教学质量,为大学生成长成才创造条件。要加强对经济困难大学生的资助工作,以政府投入为主,多方筹措资金,不断完善资助政策和措施,形成以国家助学贷款为主体,包括助学奖学金、勤工助学基金、特殊困难补助和学费减免在内的助学体系,帮助经济困难大学生完成学业。要帮助大学生树立正确的就业观念,引导毕业生到基层、到西部、到祖国最需要的地方建功立业。要进一步建立健全大学生就业指导机构和就业信息服务系统,提供高效优质的就业创业服务。通过服务育人、管理育人,把党和政府对大学生的关怀落到实处。

六、充分发挥党团组织在大学生思想政治教育中的重要作用

20.发挥党的政治优势和组织优势,做好大学生思想政治教育工作。高等学校党组织要高度重视学生党员发展工作,坚持标准,保证质量,把优秀大学生吸纳到党的队伍中来。对入党积极分子要注重早期培养,加强制度建设,严格发展程序,进行系统的党的知识教育和实践锻炼。对大学生党员要加强党员先进性教育,使他们严格要求自己,提高党性修养,充分发挥在大学生思想政治教育中的骨干带头作用和先锋模范作用。

要坚持把党支部建在班上,努力实现本科学生班级"低年级有党员、高年级有党支部"的目标。创新学生党支部活动方式,丰富活动内容,增强凝聚力和战斗力,使其成为开展思想政治教育的坚强堡垒。高度重视研究生党组织建设,切实加强研究生思想政治教育。

21.发挥共青团和学生组织作用,推进大学生思想政治教育。共青团是党领导下的先进青年的群众组织,是党的助手和后备军,在大学生思想政治教育中具有重要作用。高等学校团组织要把加强大学生思想政治教育工作摆在突出位置,充分发挥在教育、团结和联系大学生方面的优势,竭诚为大学生的成长成才服务。要全面实施大学生素质拓展计划,组织开展丰富多彩的思想政治教育活动。要加强对优秀团员的培养,认真做好推荐优秀共青团员入党工作。要坚持党建带团建,把加强团的建设作为高等学校党建的重要任务。要切实加强团的组织建设,选拔优秀青年党员教师做团的工作,保证高校共青团组织机构设置和人员配备。要把团干

部作为思想政治教育工作队伍的重要组成部分,做好培养、锻炼和输送工作。

高等学校学生会、研究生会是党领导下的大学生群众组织,是加强和改进大学生思想政治教育的重要依靠力量,也是大学生自我教育的组织者。学生会、研究生会要自觉接受党的领导,在共青团指导下,针对大学生特点,开展生动有效的思想政治教育活动,把广大学生紧密团结在党的周围,在大学生思想政治教育中更好地发挥桥梁和纽带作用。

22.依托班级、社团等组织形式,开展大学生思想政治教育。班级是大学生的基本组织形式,是大学生自我教育、自我管理、自我服务的主要组织载体。要着力加强班级集体建设,组织开展丰富多彩的主题班会等活动,发挥团结学生、组织学生、教育学生的职能。要加强对大学生社团的领导和管理,帮助大学生社团选聘指导教师,支持和引导大学生社团自主开展活动。要高度重视大学生生活社区、学生公寓、网络虚拟群体等新型大学生组织的思想政治教育工作,选拔大学生骨干参与学生公寓、网络的教育管理,发挥大学生自身的积极性和主动性,增强教育效果。

七、大力加强大学生思想政治教育工作队伍建设

23.思想政治教育工作队伍是加强和改进大学生思想政治教育的组织保证。大学生思想政治教育工作队伍主体是学校党政干部和共青团干部,思想政治理论课和哲学社会科学课教师,辅导员和班主任。学校党政干部和共青团干部负责学生思想政治教育的组织、协调、实施;思想政治理论课和哲学社会科学课教师根据学科和课程的内容、特点,负责对学生进行思想理论教育、思想品德教育和人文素质教育;辅导员、班主任是大学生思想政治教育的骨干力量,辅导员按照党委的部署有针对性地开展思想政治教育活动,班主任负有在思想、学习和生活等方面指导学生的职责。要采取切实措施,培养一批坚持以马克思主义为指导,理论功底扎实,勇于开拓创新,善于联系实际,老中青相结合的哲学社会科学学科带头人和教学骨干队伍,使他们在大学生思想政治教育中发挥更大的作用。所有从事大学生思想政治教育的人员,都要坚持正确的政治方向,加强思想道德修养,增强社会责任感,成为大学生健康成长的指导者和引路人。在事关政治原则、政治立场和政治

方向问题上不能与党中央保持一致的,不得从事大学生思想政治教育工作。

广大教职员工都负有对大学生进行思想政治教育的重要责任。要制定完善有关规定和政策,明确职责任务和考核办法,形成教书育人、管理育人、服务育人的良好氛围和工作格局。教师要提高师德和业务水平,爱岗敬业,教书育人,为人师表,以良好的思想政治素质和道德风范影响和教育学生。学校管理工作要体现育人导向,把严格日常管理与引导大学生遵纪守法、养成良好行为习惯结合起来。后勤服务人员要努力搞好后勤保障,为大学生办实事办好事,使大学生在优质服务中受到感染和教育。

24.完善大学生思想政治教育工作队伍的选拔、培养和管理机制。按照政治强、业务精、纪律严、作风正的要求,坚持专兼结合的原则,研究和制定加强大学生思想政治教育工作队伍建设的具体意见,吸引更多的优秀教师从事学生思想政治教育工作。要加强思想政治教育学科建设,培养思想政治教育工作专门人才。实施大学生思想政治教育队伍人才培养工程,建立思想政治教育人才培养基地。选拔推荐一批从事政治教育思想的骨干进一步深造,攻读思想政治教育相关专业的硕士、博士学位,学成后专职从事思想政治教育工作。采取有效措施,组织参加社会实践、挂职锻炼、学习考察等活动,不断提高他们的工作能力和水平。要建立完善大学生思想政治教育专职队伍的激励和保障机制。完善思想政治教育队伍的专业职务系列,从思想政治教育专职队伍的实际出发,解决好他们的教师职务聘任问题,鼓励支持他们安心本职工作,成为思想政治教育方面的专家。建立专项评优奖励制度,定期评比表彰思想政治教育工作先进集体和个人,树立、宣传、推广一批先进典型。

要采取有力措施,着力建设一支高水平的辅导员、班主任队伍。院(系)的每个年级都要按适当比例配备一定数量的专职辅导员,每个班级都要配备一名兼职班主任,鼓励优秀教师兼任班主任工作。辅导员、班主任工作在大学生思想政治教育第一线,任务繁重,责任重大,学校要从政治上、工作上、生活上关心他们,在政策和待遇方面给予适当倾斜。

八、努力营造大学生思想政治教育工作的良好社会环境

25.全社会都要关心大学生的健康成长,支持大学生思想政治教育工作。宣传、理论、新闻、文艺、出版等方面要坚持弘扬主旋律,为大学生思想政治教育营造良好的社会舆论氛围,为大学生提供丰富的精神食粮。要坚持团结稳定鼓劲、正面宣传为主,反映高等学校思想政治教育工作的先进典型和优秀大学生的先进事迹。各类网站要牢牢把握正确导向,主动承担社会责任,积极开发教育资源,开展形式多样的网络思想政治教育活动。重点新闻网站要不断改进创新,切实增强吸引力和感染力,在大学生思想政治教育活动中发挥导向作用。要大力发展文化事业和文化产业,为学生提供更多更好的文化产品和文化服务。文化部门和艺术团体要进一步推进高雅文化进校园活动,丰富校园文化生活,提高学生艺术修养。充分发挥爱国主义教育基地对大学生的教育作用,各类博物馆、纪念馆、展览馆、烈士陵园等爱国主义教育基地,对大学生集体参观一律实行免票。各级政府和企事业单位要鼓励和支持面向大学生的公益性文化活动。坚持不懈地开展"扫黄""打非",依法加强对各类网站的管理,净化文化市场和网络环境。

26.各级党委和政府要为高等学校创建良好的育人环境。要把优化校园周边环境作为推进社会主义精神文明建设的重要任务,结合城市改造和社区建设搞好规划,加强综合治理。要依法加强对学校周边的文化、娱乐、商业经营活动的管理,坚决取缔干扰学校正常教学、生活秩序的经营性娱乐活动场所,严厉打击各种刑事犯罪活动,及时处理侵害学生合法权益、身心健康的事件和影响学校、社会稳定的事端。要为大学生专业实习和社会实践创造条件,提供便利。要把高校毕业生就业作为就业工作的重要组成部分,常抓不懈,完善毕业生就业市场机制,健全毕业生就业服务体系,落实毕业生自主创业、灵活就业的各项扶持政策。要动员社会各方力量,完善资助困难大学生的机制,帮助大学生解决实际困难。党政机关、社会团体、企事业单位以及街道、社区、村镇等要主动配合做好大学生思想政治教育工作。学校要探索建立与大学生家庭联系沟通的机制,相互配合对学生进行思想政治教育。

九、切实加强对大学生思想政治教育工作的领导

27.各级党委和政府要从战略全局的高度,充分认识加强和改进大学生思想政治教育的重大意义,把"培养什么人"、"如何培养人"这一重大课题始终摆在重要位置,切实加强领导。要弘扬求真务实精神,及时研究解决涉及大学生健康成长和切身利益的实际问题。制定有关政策和法规,不仅要有利于经济和各项事业的发展,而且要有利于大学生的健康成长。要建立健全党委统一领导、党政群齐抓共管、有关部门各负其责、全社会大力支持的领导体制和工作机制,形成全党全社会共同关心支持大学生思想政治教育的强大合力。教育部要对全国高等学校大学生思想政治教育工作统一规划、组织协调、宏观指导和督促检查。各地负责高校思想政治工作的部门,要切实负起责任。各有关部门要主动配合,共同做好大学生思想政治教育工作。要重视和加强民办高等学校党的建设和大学生的思想政治教育。

28.高等学校要充分发挥大学生思想政治教育主阵地、主课堂、主渠道作用。要把大学生思想政治教育摆在学校各项工作的首位,贯穿于教育教学的全过程。要建立和完善党委统一领导、党政齐抓共管、专兼职队伍相结合、全校紧密配合、学生自我教育的领导体制和工作机制。高等学校党委要统一领导大学生思想政治教育工作,经常分析大学生思想状况和思想政治教育工作状况,制订思想政治教育的总体规划,对大学生思想政治教育作出全面部署和安排。校长要对大学生德智体美全面发展负责,把思想政治教育与教学、科研、社会服务工作结合起来,同时部署,同时检查,同时评估。学校各部门要明确各自责任,密切协作,切实完成相应任务。学校基层党团组织要认真履行学生思想政治教育的职责,把加强和改进大学生思想政治教育的各项任务真正落到实处。

29.不断完善大学生思想政治教育的保障机制。要建立健全与法律法规相协调、与高等教育全面发展相衔接、与大学生成长成才需要相适应的思想政治教育和管理的制度体系。要加大大学生思想政治教育工作的经费投入,教育行政部门和学校要合理确定思想政治教育工作方面的经费投入科目,列入预算,确保各项工作

顺利开展。学校要为开展大学生思想政治教育工作提供必要的场所与设备,不断改善条件,优化手段。要把大学生思想政治教育工作作为对高等学校办学质量和水平评估考核的重要指标,纳入高等学校党的建设和教育教学评估体系。

30.加强大学生思想政治教育科学研究工作。各级宣传和教育行政部门要组织专家学者积极开展科学研究,为加强和改进大学生思想政治教育提供理论支持和决策依据。各地哲学社会科学规划工作领导部门要把大学生思想政治教育重大问题研究列入规划。各级高等学校思想政治教育研究会等学术研究机构和团体要加强自身建设,发挥在大学生思想政治教育科学研究、决策咨询、工作指导等方面的重要作用。

参考文献

[1]杜维明.儒家传统的现代转化[M].北京:中国广播电视出版社,1992.

[2]刘洪敏.新时期大学生思想政治教育理论研究[M].北京:北京理工大学出版社,2015.

[3]曲文军.中国传统文化与现代化[M].济南:山东人民出版社,2011.

[4]陈鼓应.老庄新论[M].上海:上海古籍出版社,1992.

[5]赵馥洁.中国传统哲学价值论[M].北京:人民出版社,2009.

[6]华长慧,喻立森.中国文化与大学生成长[M].杭州:浙江教育出版社,2015.

[7]郑杰文.中国墨学通史[M].北京:人民出版社,2006.

[8]刘敏,徐晓杰.中国传统文化导论[M].沈阳:东北大学出版社,2013.